ELENA HANDTRACK

RICHTIG LERNEN

Für meine Mama, die mir alle Türen geöffnet hat,
die für sie selbst verschlossen waren.

Für meinen Papa, der sich diesen Titel verdient hat.

Für meinen Freund, auf den ich immer zählen kann.

Einleitung

Aussagen wie »Fang bloß nicht zu spät mit dem Lernen an« hat wohl jeder schon einmal gehört. Aber wie man richtig lernt, wird einem in der Schule normalerweise nicht beigebracht, obwohl es zentral für den schulischen und späteren universitären Erfolg ist. Mit diesem Buch möchte ich diese Lücke schließen. Es ist das Buch, das ich mir selbst während meiner Schulzeit gewünscht hatte. Damals wollte ich mich schulisch verbessern – nach unten war zu dieser Zeit sowieso nicht mehr viel Potenzial. Aber als ich damit beginnen wollte, merkte ich recht schnell, dass ich nicht weiß, wie ich überhaupt gut lerne. Deswegen habe ich dieses Buch geschrieben: Es ist der Guide, der meinem jüngeren Ich mit allen Fragen und Problemen rund ums Lernen geholfen hätte. Es ist aber auch nach der Schule nicht zu spät, um richtiges Lernen zu lernen. Daher richtet sich dieses Buch nicht nur an Schüler, sondern auch an Studenten. Viele Skills aus deiner Schulzeit kannst du in deine Universitätszeit übertragen. Es gibt jedoch einige Unterschiede zwischen Schule und Universität. Daher wirst du an einigen Stellen in diesem Buch zum Beispiel Hinweise auf unterschiedliche Erwartungen an Schüler und Studenten finden. Falls du dieses Buch also als Schüler gekauft hast, kannst du es auch später noch nutzen, um dir die Eingewöhnung in die Universität zu erleichtern. Wenn du schon als Student mit den Unterschieden zwischen Schule und Studium vertraut bist, kannst du dich rein auf die für die Universität empfohlenen Techniken fokussieren.

Am Anfang meiner Schulzeit lernte ich für alle Fächer gleich, nämlich gar nicht. Doch dann packte mich der Ehrgeiz, denn ich hatte mir in den Kopf gesetzt, Jura an einer renommierten Universität studieren zu wollen. Und um dafür zugelassen zu werden, brauchte ich unbedingt bessere Noten. Daher begann ich, mich mit Lernmethoden zu beschäftigen und mir selbst beizubringen, wie ich richtig lerne. Durch effektives Lernen konnte ich dann mit 16 Jahren über ein Stipendium an ein Internat in Hongkong gehen und dort meinen Schulabschluss machen. Danach ging es mit mehreren Stipendien für mein Jurastudium an die Universität Cambridge. Und dank guter Noten in diesem Studium wurde eines meiner Stipendien auch auf mein Masterstudium in Tübingen erweitert.

Natürlich muss nicht jeder, der dieses Buch liest, ein Einserschüler werden. Es geht vielmehr darum, dir zu zeigen, wie du deine Ziele erreichen kannst - ganz egal, wie sie aussehen. Dieses Buch unterstützt dich dabei, wenn du einen Top-Abschluss machen willst und für einen Einserschnitt lernst. Genauso gut hilft es dir aber auch, wenn du einfach nur mit möglichst wenig Zeitaufwand Klausuren und Prüfungen bestehen möchtest, um möglichst viel Zeit für andere Dinge zu haben, etwa für deine Hobbys.

Damit wir uns dem Thema Lernen ohne falsche Vorstellungen nähern können, schauen wir uns zuerst einige Denkfehler zum Thema Lernen an. Da erfolgreiches Lernen nicht erst in der Klausurenphase beginnt, schauen wir uns danach an, wie du dich in der Schule oder Universität organisieren kannst. Dazu gehört beispielsweise, wie du deine Zeit planst, dafür sorgst, dass du einen Überblick über deine Aufgaben behältst, und vieles mehr. Anschließend betrachten wir verschiedene Lernmethoden und für welche Arten von Lernen diese besser oder schlechter geeignet sind. So lernt man beispielsweise anders für Fremdsprachen als für Mathe-Klausuren. Je nach anstehender Prüfung bereitest du dich anders vor. Deswegen betrachten wir dann, wie du dich auf Klausuren, Präsentationen und wissenschaftliche Arbeiten (zum Beispiel eine Bachelorarbeit) vorbereitest. In diesen Kapiteln erfährst du etwa, wie du dir deine Zeit beim Schreiben einer Bachelorarbeit einteilst oder einen effektiven Lernplan für eine Klausur erstellst. Passend zu diesen Dingen wirst du an einigen Stellen auch Hinweise auf Templates finden, die du dir herunterladen und nutzen kannst. Alle Templates findest du über diesen QR-Code:

In diesem Buch geht es zwar hauptsächlich ums Lernen, jedoch werden wir im letzten Kapitel auch noch behandeln, warum Lernen nicht alles im Leben ist. Am Ende des Buchs findest du dann noch eine Übersicht verschiedener digitaler Tools, die in den einzelnen Kapiteln erwähnt wurden. So kannst du diese nach dem Lesen schnell wiederfinden, ohne lange im Buch blättern zu müssen.

Ich hoffe, dass dieses Buch dir in den verschiedenen Phasen deines Lebens hilft, beim Lernen erfolgreich zu sein - und auch Spaß dabei zu haben. Es reicht nicht, nur dieses Buch zu lesen, um erfolgreich zu lernen - du musst die Methoden dann auch anwenden. Daher findest du immer wieder Tipps, wie du verschiedene Lernhilfen umsetzen kannst.

Richtiges Lernen hat mein Leben sehr ins Positive verändert. Denn es hat mir nicht nur zu besseren Noten verholfen und mir Stipendien und Auslandsaufenthalte ermöglicht - vor allem hatte ich dadurch auch mehr Ruhe und Selbstbewusstsein. Wer richtig lernt, ist ab Tag eins des Unterrichts gut organisiert. Wenn die Klausurenphase heranrollt, bleibt man ruhig, denn man hat sich schon darauf vorbereitet und weiß, dass man eine machbare To-do-Liste vor sich hat. Ich hoffe, dass du diese Ruhe und dieses Selbstvertrauen in dein Können durch richtiges Lernen auch bekommen wirst.

In diesem Buch wirst du an verschiedenen Stellen mehrere Symbole finden. Der Sinn dahinter ist es, dir das Nachschlagen in dem Buch zu erleichtern. Dieses Buch ist so gedacht, dass du es dir einmal durchliest, um ein für deine jetzige Lage passendes System zum Lernen zu finden. Du sollst aber auch immer wieder zu diesem Buch zurückkehren können, wenn du erneut Tipps brauchst. Falls du das Buch beispielsweise als Schüler kaufst, kannst du auch immer wieder darauf zurückgreifen, wenn du in der Universität das erste Mal vor einer Seminararbeit sitzt. Damit du dafür die wichtigsten Informationen schnell wiederfinden kannst, habe ich folgende Informationen markiert:

Tipps: Eine Glühbirne am Seitenrand weist dich auf Dinge hin, die du in deine Lernroutine übernehmen könntest, um besser zu lernen.

BEGRIFFSERKLÄRUNGEN:
Wichtige Begriffe, wie beispielsweise die Bedeutung verschiedener Lernmethoden, findest du bei diesem Symbol in einem Kasten. So kannst du beim erneuten Durchschauen des Buchs schnell auf diese Definitionen zurückgreifen.

ZUSAMMENFASSUNGEN:
Am Ende von umfangreichen Kapiteln findest du die wichtigsten Informationen noch mal zusammengefasst. Diese können dir insbesondere dann helfen, wenn du nach dem ersten Lesen des Buchs noch mal etwas nachschauen möchtest.

Ich empfehle dir, während des ersten Lesens einen Textmarker zu benutzen, damit du auch weitere für dich wichtige Tipps markieren kannst. Dadurch kannst du auch diese später schnell wiederfinden. Ich hoffe sehr, dass dieses Buch ein hilfreicher Begleiter für dich beim Lernen sein wird, damit du deine Ziele erreichen kannst. Ich drücke dir die Daumen!

Viel Spaß und Erfolg,

Elena

1

Typische Lernfehler

Was man sich genau unter dem Begriff Lernen vorstellt, variiert von Person zu Person. Für manche bedeutet Lernen das Schreiben von Zusammenfassungen, andere wiederholen fleißig Karteikarten und wiederum andere schreiben eine Übungsklausur nach der anderen. Wenn du dieses Buch in der Hand hältst, passt deine Vorstellung vom Lernen vermutlich nicht so gut zum Erreichen deiner Ziele, wie du es gerne hättest. Damit du eine für dich funktionierende Lernmethode finden kannst, musst du wissen, was beim Lernen zählt (und was nicht). Daher schauen wir uns jetzt erst einmal verschiedene Denkfehler in Bezug auf das Thema Lernen an. Was hält dich beispielsweise vom effektiven Lernen ab? Musst du nur die richtige Lernmethode finden, und dann klappt es? Oder fehlt dir eigentlich nur ein Motivationsschub? Eine gute Lernmethode an der Hand zu haben reicht leider nicht aus. Und sogar die größte Motivation wird dir nicht zwangsläufig einen Einserschnitt verschaffen. In diesem Kapitel schauen wir uns noch mehr solche falschen Vorstellungen über das Lernen an. Nachdem wir diese gängigen Denkfehler aus dem Weg geräumt haben, können wir das Thema Lernen von Grund auf angehen.

»Hauptsache bestehen«

Nicht jeder hat das Ziel, auf dem Zeugnis einen Einserschnitt zu sehen, und das ist auch vollkommen in Ordnung. Dennoch ist eine Zielsetzung beim Lernen wichtig. Mit einem Ziel vor Augen sieht man in seinen Bemühungen auch einen Sinn, und es fällt viel leichter, dauerhaft am Ball zu bleiben. Die Aussagen »Hauptsache bestehen« oder »4 gewinnt«, die man unter Schülern und Studenten kennt, klingen auch erst mal nach einem Ziel. In meiner Erfahrung reichen diese vermeintlichen Zielsetzungen jedoch meistens nicht aus. Denn einfach nur nicht durchfallen zu wollen ist ein recht schwaches Ziel. Starke Ziele sind mit etwas verbunden, das für dich von Bedeutung ist. Schwache Ziele hingegen haben für dich keine emotionale Bedeutung, und daher bist du weniger stark in das Erreichen dieser Ziele involviert.
Zu der Aussage, dass das reine Bestehen ein schwaches Ziel ist, gibt es immer Ausnahmen - viele werden zum Beispiel in ihrer Universitätszeit Kurse belegen (müssen), die ihnen nicht liegen. Dann kann auch das Bestehen ein großes Ziel sein, auf das man hinarbeitet. Wenn du beispielsweise einen Pflichtkurs zu Statistik belegen musst und dieser dir sehr schwerfällt, dann kann es schon ein starkes Ziel sein, zumindest zu bestehen. Dies kann auch mit einem größeren Ziel von dir verbunden sein, nämlich dem Erhalt deines Abschlusses.

Aber wenn nur das einfache Bestehen dein einziges Ziel in Bezug auf all dein Lernen darstellt, dann solltest du dich fragen, ob du wirklich starke Lernziele hast. Wofür lernst du? Was ist dein Ziel mit deiner Bildung? Möchtest du damit einen bestimmten Beruf ausüben? Dich für Stipendien qualifizieren? Den Numerus clausus (NC) für einen bestimmten Studiengang erreichen? Für die meisten von uns ist auch eine gute Note allein nicht Grund genug, um sich anzustrengen. Überlege dir dafür folgendes Beispiel: Du studierst Jura und möchtest später als Rechtsanwältin im Bereich Datenschutz arbeiten. Neben deinen regulären Kursen besuchst du aus Interesse noch einen Kurs über altägyptische Bauweisen. Deine Universität würde dich in diesem Kurs zwar die Klausur mitschreiben lassen, aber du weißt, dass dir der Kurs für deine Karrierepläne nicht wirklich von Nutzen sein wird. Das Thema des Kurses interessiert dich zwar, aber für die Klausur müsstest du viele Jahreszahlen mit ihren dazugehörigen Bauweisen auswendig lernen, und allein das wird dich einiges an Zeit kosten. In derselben Woche wirst du auch eine Klausur im Zivilrecht schreiben. Diese ist für deinen Abschluss wichtig. Würdest du dich nur für eine gute Note intensiv auf die Klausur in dem optionalen Kurs vorbereiten? Oder dich zumindest so gut vorbereiten, damit du bestehst? Oder die Klausur überhaupt mitschreiben?

Die meisten von uns würden vermutlich Nein zu allen drei Fragen sagen und sich lieber auf die juristischen Prüfungen vorbereiten. Warum? Weil diese mit einem stärkeren Ziel verbunden sind, nämlich dem Berufswunsch. Das reine Bestehen ist für die meisten von uns ein ziemlich schwaches Ziel. Deswegen ist es gut, sich manchmal daran zu erinnern, wofür man eigentlich lernt. Das wird einem nicht dauerhaft einen Motivationsschub verschaffen, der zum Lernen anreizt, aber es verleiht dem Lernen einen Sinn, und das macht es wesentlich leichter, der eigenen Faulheit und Prokrastination den Kampf anzusagen.

WARUM LERNZIELE SINNVOLL SIND

Starke Lernziele motivieren. Denn mit einem Ziel vor Augen sieht man einen Sinn im Lernen. Es fällt wesentlich leichter, sich für etwas anzustrengen, das einem beim Erreichen eines Ziels hilft, als wenn man die mühsame Aufgabe ohne Grund ausführt. Seien wir einfach mal ehrlich: Wie viele von uns hätten ihren Nebenjob als Schüler, wie beispielsweise Zeitungen austragen, auch ohne Gehalt gemacht? Ich hatte bei meinen Nebenjobs als Schüler immer bestimmte Ziele, wie zum Beispiel das Sparen auf meine erste Kamera oder auch nur die Möglichkeit, mir jeden Monat ein paar Bücher kaufen zu können.

Fürs Lernen wird man natürlich nicht bezahlt, aber es zahlt sich auf viele andere Arten aus: sei es, dass du mit Hilfe guter Noten ein Stipendium bekommen, dich an einem Sprachaustausch oder Auslandssemester qualifizieren willst. Oder möchtest du vielleicht einfach nur in Mathe durchkommen, damit deine Eltern dein Fußballtraining nicht streichen? Letzteres klingt beim ersten Hinhören vielleicht wie die Aussage »Hauptsache bestehen«, aber der Unterschied ist, dass man das Bestehen hier mit einem weiteren Ziel verbindet. Dieses nachgelagerte Ziel, das mit dem Bestehen eng verbunden ist, liegt dir am Herzen. Das reine Bestehen ohne dieses nachgelagerte Ziel ist für dich kein solches Herzensthema. Letztendlich sind die Noten im Normfall nicht das Ziel, sondern ein Mittel zum Zweck. Gute Noten können es dir ermöglichen, deine Träume zu verwirklichen und Herzensprojekte anzugehen.

KLEINE UND GROSSE LERNZIELE

Lernziele können groß und klein sein, und es ist empfehlenswert, beide Arten von Lernzielen zu haben. Große Lernziele gehen über eine einzelne Klausur und oft auch über einzelne Schuljahre oder Semester hinaus. Um sich solche Ziele zu setzen, kann man sich fragen, was man letztendlich mit dem Lernen erreichen möchte. Das kann beispielsweise der Wunsch sein, als Arzt zu arbeiten. Dafür muss man Medizin studieren - und an vielen Universitäten bedeutet dies, dass man ein sehr gutes Abitur braucht.

Solche großen Ziele lassen sich nicht schnell erreichen und es kann passieren, dass man sie nach einiger Zeit im Stress etwas aus den Augen verliert. Das habe ich auch selbst in meinem Jurastudium erlebt: Anfangs war meine Motivation sehr hoch, mich für den Abschluss anzustrengen. Je mehr das Jurastudium jedoch zum Alltag wurde, desto weniger spannend war es. Und immer mehr rückte auch der Stress in den Vordergrund und das große Ziel verblasste. Kleinere Ziele, die zeitlich näher liegen, können hier helfen.

Kleine Ziele ergeben sich oft aus den großen Zielen. Überlege dir, welche Schritte du gehen musst, um zu deinem großen Endziel zu gelangen. So leitet sich aus dem Ziel einer Zulassung für einen NC-beschränkten Studiengang beispielsweise das Unterziel eines bestimmten Abiturschnitts ab. Ein Unterziel lässt sich wiederum auf weitere, noch kleinere Unterziele herunterbrechen. So kannst du immer weiter arbeiten, bis du dir einen Weg mit kleinen Schritten zu kleinen Zielen bis zum großen Endziel gebaut hast. Dadurch hast du immer etwas, auf das du gerade hinarbeitest und das greifbar genug ist, damit du es auch mit der aktuell geleisteten Arbeit verbinden kannst. Im Gegensatz zum großen Endziel wirken diese kleineren Unterziele wesentlich leichter erreichbar. Wenn du dir das Endziel nicht in kleinere, leichter umsetzbare

Schritte unterteilst, kann es wie ein riesiger, unbezwingbarer Berg wirken. Um diese kleinen Ziele zu finden, kannst du mit einer Art Baumdiagramm das große Ziele immer weiter herunterbrechen. In unserem Beispiel folgen aus dem großen Ziel (Zulassung) weitere, immer kleinere Ziele, vom NC über den Abi-Schnitt und die Abschlussnoten bis zu den Klausurnoten und den konkreten Lernzielen, die du dir setzt, um diese Noten zu erreichen:

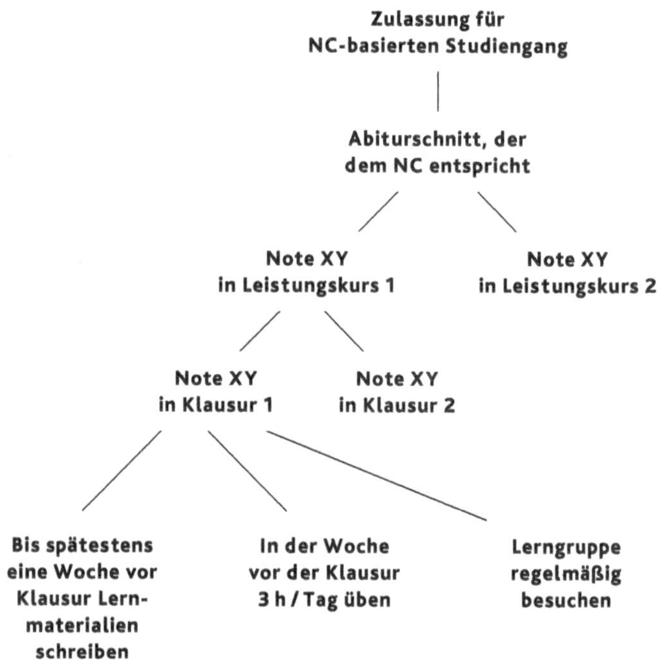

»Ich brauche einfach Motivation«

Als Studenten oder Schüler sind wir alle mit diesen Momenten aus der Klausurenphase vertraut: Man sitzt am Schreibtisch und weiß, dass man eigentlich für die nächste Prüfung lernen muss, aber man schafft es einfach nicht mehr, sich dazu aufzuraffen. Stattdessen starrt man seine Lernnotizen an, lässt sich vielleicht doch vom Handy ablenken, obwohl man jetzt unbedingt lernen wollte, oder schläft sogar ein. In diesen Momenten wünschen sich die meisten von uns einen Motivationsschub. Noch viel hilfreicher wäre allerdings Disziplin durch Gewöhnung. Wo liegt der Unterschied?

MOTIVATION VS. DISZIPLIN DURCH GEWÖHNUNG

Unter Motivation versteht man umgangssprachlich einen kurzen Schub von sehr starker Tätigkeitsbereitschaft. Es ist der Drang, der in einem aufkommt, sobald man sich ein Ziel gesetzt hat. Am besten kennt man es vermutlich vom Sparen: In den ersten Tagen und Wochen ist man noch motiviert, auf das teure Wunschobjekt zu sparen, aber je länger es sich zieht, desto weniger Geld legt man zur Seite und gönnt sich doch mal hier und da etwas. Der Einsatz für das Ziel lässt also wieder nach, denn Motivation ist zwar ein starkes Mittel, um mit etwas zu beginnen, aber es hält nicht lange an.

Disziplin hingegen wirkt langsamer, aber dafür auch nachhaltiger. Man muss sich angewöhnen zu lernen, indem man es regelmäßig tut. Wenn es für dich normal ist, dich nachmittags nach dem Unterricht an den Schreibtisch zu setzen und nicht aufs Handy zu schauen, wird es zur Routine. Dann fällt es dir auch wesentlich leichter zu lernen, als wenn du dich nur an wenigen Tagen während der Klausurenphase dazu zwingst. Und der Bonus dabei ist, dass du dadurch in der Klausurenphase weniger arbeiten musst, da du bereits vorgearbeitet hast.

WARUM DISZIPLIN ENTSCHEIDEND IST

Motivation ist ein kurzer Schub von Lernbereitschaft, der dich auch dazu bringen kann, wesentlich mehr zu lernen, als du sonst tun würdest. Leider wirkt Motivation nicht lange und ebbt oft vollkommen ab. So bleibt bis zur Klausurenphase bei den meisten nichts von der anfänglichen Motivation über. Disziplin hingegen wirkt nicht so überschwänglich, da du nicht dauerhaft so viel lernen willst wie am Anfang eines Motivationsschubs. Dafür wirkt Disziplin jedoch sehr nachhaltig. Um dir eine solche Disziplin aufzubauen, musst du dich an eine Lernroutine gewöhnen.

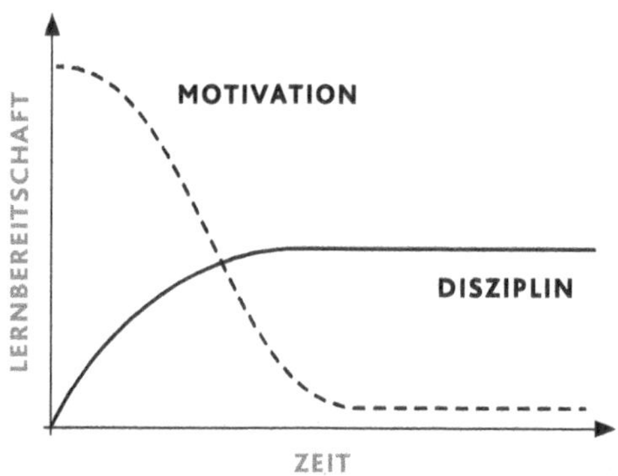

AUFBAU EINER LERNROUTINE

Wer noch keine Lernroutine hat, kann sich mithilfe eines Plans eine Struktur erarbeiten. Du kannst beispielsweise einen Plan für alle Wochentage über den Schreibtisch hängen und dort eintragen, was du an jedem Wochentag, unabhängig von der genauen Woche, machen möchtest. Also zum Beispiel, um wie viel Uhr du aufstehen wirst, wie viele Stunden du lernen möchtest, aber genauso auch Zeiten für Freizeit und Hobbys. Anfangs musst du vielleicht immer wieder auf den Plan schauen, um dich an die Routine zu gewöhnen, aber nach einigen Wochen wirst du diese Dinge ganz automatisch machen.

MONTAG	
ZEIT	**TO DO**
Morgen (5.00 - 8.00 Uhr)	→ um 5.00 Uhr aufstehen → Vokabeln für wöchentlichen Vokabeltest wiederholen → mindestens 30 Minuten in aktuellem Buch lesen → wenn noch Extra-Zeit: Hausaufgaben oder Lernmaterialien erstellen
Vormittag (8.00 - 14.00 Uhr)	→ Schule & Mittagessen
Nachmittag (14.00 - 18.00 Uhr)	→ Hausaufgaben vom Tag → Volleyball-Training → Lernmaterialien schreiben
Abend (18.00 - 20.00 Uhr)	→ aktuelles Buch lesen → eine Folge von momentaner Serie → vor 21.00 Uhr ins Bett gehen

Falls du so einen Plan für dich erstellen möchtest, kannst du dir ein Template dafür über den QR-Code im Vorwort dieses Buchs herunterladen.

Je nachdem, wie groß die gewünschte Veränderung ist, kannst du den Aufbau einer Routine auch schrittweise angehen. Wenn du aktuell beispielsweise bis um 8 Uhr schläfst, aber von nun an um 5 Uhr aufstehen möchtest, dann stelle doch den Wecker jede Woche eine halbe Stunde früher. So gewöhnst du dich Schritt für Schritt an die neue Zeit. Manchmal hilft auch eine kleine Belohnung am Wochenende, wenn du die neue Routine eine ganze Woche lang durchgezogen hast. Das kann beispielsweise eine Aktivität mit Freunden sein, die du schon lange machen wolltest, ein neues Buch oder etwas anderes, was du dir wünschst. Motivation schadet definitiv nie, aber du solltest dich nicht auf sie allein verlassen.

Wenn man einen Motivationsschub hat, dann sollte man ihn nutzen. Dieser kommt meistens zu Beginn eines neuen Semesters oder Schuljahres auf. Weil man dann die Chance hat, quasi wieder neu anzufangen, und sich neu in den Fächern beweisen kann. Diesen Motivationsschub kann man auch genauso gut nutzen, um sich an die neue Lernroutine zu gewöhnen. Der Effekt ist viel nachhaltiger: Denn sobald der akute Motivationsschub nachlässt, bleibt die Routine bestehen.

»Ich bin nicht intelligent genug«

Es wäre gelogen zu behaupten, dass Intelligenz oder Talent, wie man es auch bezeichnen möchte, kein wichtiger Faktor für Erfolg ist. Gerade wenn dieser Erfolg in Noten gemessen wird. Studien haben gezeigt, dass Intelligenz ein entscheidender Faktor ist. In diesen Studien wurde Intelligenz anhand von standardisierten Intelligenztests gemessen.[1] Aber heißt das, dass es sich gar nicht erst lohnt, mit dem Lernen anzufangen, wenn uns das Verständnis in Mathe nicht zufliegt, sobald wir das Lehrbuch durchlesen? Oder wenn die Chemie-Formeln für uns auf den ersten Blick unverständlich sind?

Nein, denn Intelligenz ist zwar ein wichtiger Faktor für den Lernerfolg, aber bei Weitem nicht der einzige. Wie sehr wir uns für etwas anstrengen, wie »leidenschaftlich« wir dafür arbeiten und welches Durchhaltevermögen wir an den Tag legen, ist ebenso wichtig. Für einige Wissenschaftler sind diese Eigenschaften sogar entscheidend.[2] Seien wir ehrlich: Am hilfreichsten ist es vermutlich, wenn man beides hat - hohe Intelligenz und hohe Leistungsbereitschaft. Aber den meisten von uns liegen manche Fächer besser, und in diesen fühlen wir uns »intelligenter«, da sich die Zusammenhänge quasi wie von selbst für uns ergeben. Im Politikunterricht in der Schule überlegte ich mir oft schon, wie ein bestimmter Fall, den wir gerade besprachen, aus verschiedenen Perspektiven wie Utilitarismus und Liberalismus betrachtet werden würde - obwohl das noch gar nicht vom Lehrer gefragt worden war. Eine meiner Freundinnen konnte bis zum Schluss wenig bis nichts mit diesen Theorien anfangen. Aber Schaubilder in Biologie zu metabolischen Prozessen machten für sie auch ohne eine Erklärung Sinn, während ich auch mit der Erklärung erst einmal nur Bahnhof verstand. Ich habe meinen Biologiekurs am Ende aber trotzdem mit einer guten Note abgeschlossen, und das lag definitiv nicht an meinem Talent. Ich hatte auch keine große Leidenschaft für Biologie, aber dafür ein hohes Durchhaltevermögen für mein Ziel, in diesem Fach trotzdem eine gute Note zu erreichen, um so einen ausreichend guten Notendurchschnitt für meinen Traumstudiengang zu haben. Ich steckte wesentlich mehr Zeit in das Fach als in andere Fächer, da ich wusste, dass es mir nicht gut liegt und ich die Extra-Zeit brauche. Am Ende hat sich das ausgezahlt. Klar, mit mehr Talent wäre es mir wesentlich leichter gefallen, das gleiche Ergebnis zu erzielen. Aber auch ohne Talent für Biologe war ein gutes Ergebnis möglich.

»Das schaffe ich am Abend vorher«

Gesagt haben wir uns das wohl alle schon einmal - und genauso haben wir wahrscheinlich auch alle dadurch gelernt, dass es meistens doch nicht so ist. Sicher, manche Prüfungen kann man durch Lernen am Tag davor bestehen. Ein kleiner Vokabeltest braucht nicht so viel Vorbereitung wie eine Semesterklausur. Und die Vorbereitungszeit hängt auch vom eigenen Lernziel ab. Will ich diesen kleinen Test nur bestehen, damit ich den Schein für den Kurs bekomme? Oder geht es hier um einen wichtigen Kurs, in dem ich am Ende gerne eine Eins hätte?

Aber auch wenn unsere Ziele notentechnisch recht niedrig angesetzt sind, merkt man spätestens an der Universität, dass das Lernen am Abend vorher allein in der Regel nicht ausreicht. Es ist trotzdem verführerisch, sich das in der Zeit vor dem tatsächlichen Lernen immer wieder einzureden und es als Ausrede zu nutzen, und sich gar nicht erst anzuschauen, wie viel man eigentlich lernen muss. Dadurch wird das, was man lernen muss, zu einer unbestimmten Größe, die man sich gerne kleinredet. Am Abend vorher gibt es dann ein böses Erwachen, wenn man das Buch und die Notizen in die Hand nimmt und plötzlich merkt, dass das alles doch wesentlich mehr als gedacht ist und man einiges davon noch gar nicht vollkommen verstanden hat. Nur ist es dann zu spät. Man sollte sich daher so früh wie möglich einen Überblick über den Lernstoff verschaffen. Der richtige Zeitpunkt ist, sobald man weiß, welche Themen prüfungsrelevant sind. Für so einen Überblick kann man sich am Lehrplan orientieren. Das Wichtigste dabei ist, ehrlich zu sich selbst zu sein. Was musst du lernen, und wie viel Zeit wirst du dafür brauchen? Natürlich hat niemand von uns eine Glaskugel, die ihm sagt, wie schnell er ein Thema verstehen wird, aber du solltest so realistisch wie möglich schätzen und immer ein paar Pufferzeiten einplanen, falls mal etwas länger als gedacht dauert.

So ein Plan muss auch nicht besonders komplex sein – manchmal reicht es, sich im Kopf einen zu machen. Für kleine Prüfungen wie Vokabeltests reicht es normalerweise, sich anzuschauen, wie viele Vokabeln es sind, und sich dann ein paar Abende (wenn nicht sogar nur einen) dafür frei zu halten. Aber bei größeren Tests und insbesondere bei Hochschul-Klausuren bietet es sich an, einen längeren schriftlichen Lernplan zu erstellen, damit man nicht den Überblick verliert. (Wir behandeln das Schreiben eines Lernplans später ab Seite 126 noch detaillierter.)

Wenn du einen Lernplan erstellt hast und feststellst, dass du relativ wenig Vorbereitungszeit brauchst, dann kannst du die Vorbereitung guten Gewissens noch etwas vor dir herschieben. Dann hast du aber auch kein schlechtes Gewissen, wenn du vor der Prüfung noch mal etwas mit Freunden unternimmst, und lässt dich nicht unterbewusst stressen. Du weißt ja, dass du dich noch im vorgegebenen Zeitrahmen befindest. Und so gibt es auch keine böse Überraschung am Abend vor der Klausur.

»Ich muss nur eine gute Lernmethode für mich finden«

Auch wenn ich im 3. Kapitel dieses Buchs verschiedene Lernmethoden vorstelle, muss ich dich leider vorwarnen: Es gibt nicht die eine »goldene Formel«, mit der das Lernen dann plötzlich problemlos klappt. Einerseits gibt es nicht nur eine Lernmethode für alles und jeden. Für eine Statistik-Klausur lernt man anders als für einen Vokabeltest. Eine gute Lernstrategie besteht aus verschiedenen Lernmethoden, die zu den richtigen Zwecken eingesetzt werden. Andererseits ist auch das allein aber noch nicht genug. Woran denkst du, wenn du ans Lernen denkst? Kommt dir die Zeit in der Klausurenphase in den Kopf? Die Zeit, in der du fast jeden Tag am Schreibtisch verbringst und versuchst, so viel Wissen wie möglich aufzusaugen? Aber hast du auch an den Anfang des Semesters oder Schuljahres gedacht? An deine Mitarbeit im Seminar? Und wie du deine Notizen machst und organisierst? Die meisten verbinden das Lernen mit der Klausurenphase. Lernen ist aber ein Prozess, der bereits mit der ersten Unterrichtsstunde oder der ersten Vorlesung beginnt.

WAS BEDEUTET »LERNEN«?

Da Lernen aus wesentlich mehr als nur der Klausurenphase besteht, geht es nach diesem Kapitel nicht direkt mit verschiedenen Lernmethoden weiter. Zuerst werden wir uns anschauen, wie man die Zeit vor der Klausurenphase für sich nutzt. Wenn man Lernen als einen Prozess sieht, der schon mit der Vorbereitung vor der ersten Unterrichtsstunde/Vorlesung und dementsprechend lange vor der Prüfung bereits beginnt, wird die Klausurenphase auch eine wesentlich weniger stressige Zeit. Um sich das besser vor Augen zu führen, folgt hier ein grober Überblick über die Bedeutung des Lernens:

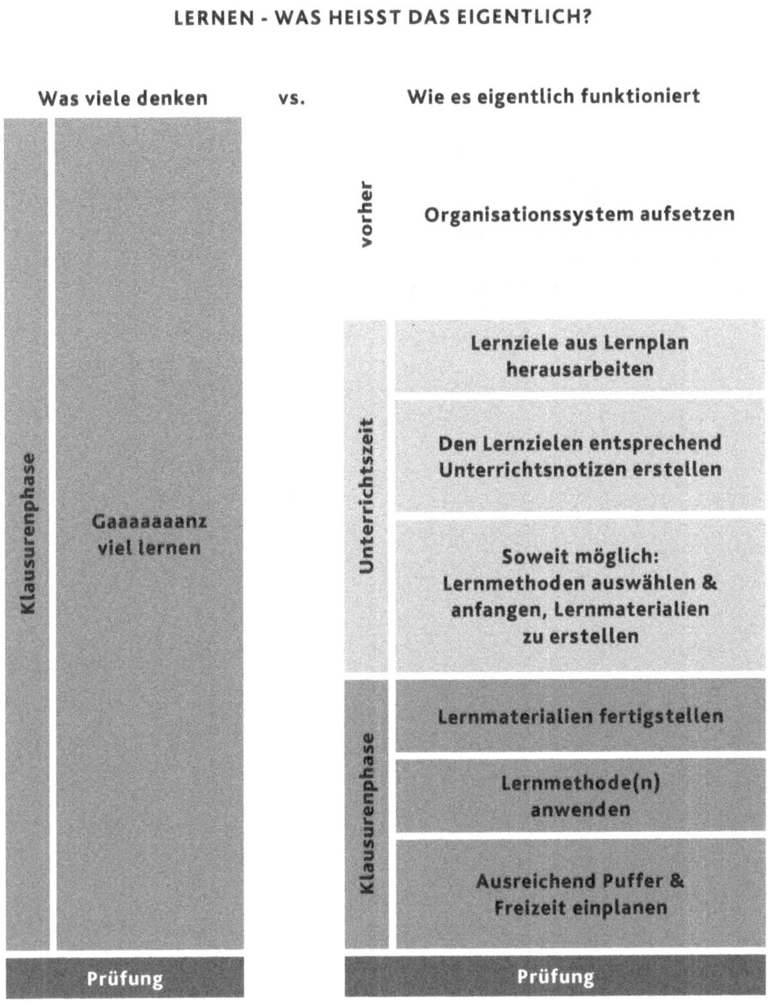
LERNEN - WAS HEISST DAS EIGENTLICH?
Was viele denken
vs.
Wie es eigentlich funktioniert
Klausurenphase
Gaaaaaaanz viel lernen
Prüfung
vorher
Organisationssystem aufsetzen
Unterrichtszeit
Lernziele aus Lernplan herausarbeiten
Den Lernzielen entsprechend Unterrichtsnotizen erstellen
Soweit möglich: Lernmethoden auswählen & anfangen, Lernmaterialien zu erstellen
Klausurenphase
Lernmaterialien fertigstellen
Lernmethode(n) anwenden
Ausreichend Puffer & Freizeit einplanen
Prüfung

WORUM ES IN DIESEM KAPITEL GING:

- → Teile deine großen Lernziele in kleine, greifbare Ziele auf.
- → Verlasse dich nicht auf die anfängliche Motivation, sondern vertraue auf eine mit Disziplin aufgebaute Lernroutine.
- → Intelligenz entscheidet nicht allein über deine Noten, du hast es auch selbst in der Hand.
- → Erarbeite dir einen realistischen, keinen ambitionierten Lernplan.
- → Es gibt für jedes Fach und jede Person die passenden Lernmethoden.
- → Lernen startet vor der ersten Unterrichtsstunde, nicht erst in der Klausurenphase!

2

Bevor das Lernen anfängt

Richtiges Lernen bedeutet wesentlich mehr als die unmittelbare Vorbereitung auf eine Prüfung. Es beginnt viel früher als das »eigentliche Lernen« am Schreibtisch in der heißen Phase der Klausurvorbereitung. Wie erfolgreich die Klausurvorbereitung wird, entscheidet sich zu einem großen Teil bereits im Voraus. Das beginnt damit, sich ein passendes Organisationssystem zu schaffen und dadurch stets den Überblick über alle Aufgaben zu haben. Es ist auch wichtig, den Unterricht für sich zu nutzen und mit hilfreichen Mitschriften zu dokumentieren. Außerhalb des Unterrichts fällt auch einiges an eigenständiger Nacharbeit an – sowohl in der Uni als auch in der Schule, jedoch in unterschiedlichem Ausmaß. All das werden wir uns in diesem Kapitel anschauen. Wenn du Unterricht und Vorlesungen bestmöglich nutzt und dich gut auf eine Klausurenphase vorbereitest, hast du bereits einen großen Teil der Arbeit erledigt.

Baue dir ein Organisationssystem

Stell dir vor, du möchtest mit der Klausurvorbereitung anfangen und nimmst dir dafür alle Notizen, die du aus dem Fach hast, um sie durchzuschauen. Welche Art von Notizen würdest du besser finden: einen zerfledderten Collegeblock, in dem du hin und wieder mitgeschrieben hast? Oder einen gut sortierten Ordner, in dem deine Mitschriften nach Themen sortiert sind? Mit dem Ordner fällt dir die Vorbereitung wesentlich leichter, da du dir schnell einen Überblick zu den klausurrelevanten Themen verschaffen kannst und nicht erst einmal einen Papierhaufen sortieren musst.

Damit du gut sortiert in die Klausurvorbereitung gehst, brauchst du ein gutes Organisationssystem. Beim Aufsetzen eines Organisationssystems geht es noch nicht um die Qualität deiner Mitschriften oder wie du diese effektiv gestaltest. Es geht darum, wie du deine Zeit für all deine Aufgaben organisierst, den Überblick behältst und für Ordnung sorgst. Dein Organisationssystem ist, bildlich gesprochen, aufgebaut wie ein »Aktenschrank« für deine Unterrichtsnotizen. Es unterstützt dich aber auch bei deiner Zeitplanung beim Lernen, es hilft dir, dich an Deadlines zu erinnern, Informationen aus deinen Mitschriften zu gewichten und zu sortieren. Wie du die einzelnen Aspekte in der Praxis umsetzt, ob du dir etwa einen Kalender zum Aufschreiben deiner Aufgaben besorgst oder stattdessen eine To-do-Listen-App nutzt, ist egal. Wichtig ist, dass du dir Gedanken darüber machst, wie du dich organisieren willst, und diese Methode dann auch durchziehst. Wer innerhalb eines Semesters zehn verschiedene Apps für To-do-Listen ausprobiert, verliert schnell den Überblick, weil ein paar Aufgaben dann in der einen App stehen und weitere in einer anderen App. Deswegen solltest du dir am besten vor Beginn der Unterrichtszeit darüber Gedanken machen, wie du dich organisieren möchtest. Nach einem Halbjahr/Semester kannst du dir dann noch einmal überlegen, ob du etwas ändern möchtest. Zu dieser Regel gibt es natürlich auch

Ausnahmen: Wenn du zum Beispiel nach ein paar Wochen merkst, dass dein System überhaupt nicht funktioniert, weil du ständig deine Hausaufgaben vergisst, dann musst du sofort etwas ändern. Ansonsten empfiehlt es sich, erst einmal bei einer Methode zu bleiben und nicht ständig zu wechseln.

Dein Organisationssystem ist übrigens nicht nur als dein akademischer Begleiter gedacht. Du kannst es für alle Arten von Aufgaben und Terminen nutzen. Sowohl deine Hausaufgaben, Seminararbeiten als auch dein Fußballtraining und deine Arzttermine können in das System kommen. Es ist sinnvoll, alle Aufgaben und Termine, die du hast, in deinem Organisationssystem zu berücksichtigen. Dadurch hast du immer im Blick, wie viel Zeit du tatsächlich zur Verfügung hast. Wenn du stattdessen nur deine akademischen Verpflichtungen berücksichtigst, kann es passieren, dass dir später auffällt, dass du zu deinen verplanten Zeiten eigentlich private Termine hast.

Schauen wir uns nun an, welche Elemente ein Organisationssystem umfasst:

PRIORISIERE DEINE AUFGABEN

Vor Beginn eines Semesters oder Schuljahres lohnt es sich, dir zu überlegen, welche Aufgabentypen auf dich zukommen werden - und wie wichtig und dringend diese sind. Du kannst natürlich nicht voraussagen, ob du in Woche drei eine große Hausaufgabe in Mathe bekommen wirst oder in sechs Wochen ein Referat in deinem Seminar halten sollst. Aber du kannst die gängigsten Aufgabenarten voraussehen, wie beispielsweise: Hausaufgaben, Protokolle, Vorbereitung auf Klassenarbeiten oder Semesterklausuren, Seminararbeiten oder Referate. Zu dieser Liste gehören auch Dinge, die nichts mit dem Lernen für Uni oder Schule zu tun haben. Überlege dir einmal, was du jede Woche so typischerweise zu erledigen hast.

Sobald du die verschiedenen Aufgabentypen gesammelt hast, ordne sie nach ihrer Priorität und ihrer Dringlichkeit. Das hilft dir später bei der Entscheidung, wie du diese Aufgaben in deinem Organisationssystem behandeln möchtest. Für dringende Aufgaben könnte sich zum Beispiel eine Erinnerung kurz vor der Deadline lohnen. Für Aufgaben, die nicht dringend sind, lohnt sich das weniger. Um die Aufgaben entsprechend zu kategorisieren, kannst du die sogenannte Eisenhower-Matrix verwenden. Dabei werden Aufgaben in die Kategorien wichtig/unwichtig und dringend/nicht dringend eingeteilt:

	DRINGEND	NICHT DRINGEND
WICHTIG	**z.B. Üben des Vortrags, den du in deinem morgigen Seminar halten musst**	**z.B. an Bachelorarbeit arbeiten, die am Ende des Semesters abgegeben werden muss**
NICHT WICHTIG	**z.B. Einreichen eines hobbymäßig geschriebenen Artikels für die Unizeitung, die in der nächsten Woche erscheinen soll**	**z.B. Kleiderschrank aussortieren**

Die Kategorisierung von hobbymäßigen Aktivitäten als »nicht wichtig« bedeutet nicht, dass Hobbys irrelevant sind. Sie sind sehr wichtig für deine mentale Gesundheit und dafür, dass du einen Ausgleich zum Lernen hast. Aber im Vergleich zu Aufgaben wie der Klausurvorbereitung haben einzelne hobbymäßige Aktivitäten eben eine geringere Priorität. Nicht wichtige und nicht dringende Aufgaben sind Aufgaben, die du theoretisch problemlos eine lange Zeit vor dir herschieben kannst. All solche kleinen Projekte, die du dir vornimmst und erledigen möchtest, wann immer du eben die Zeit dafür hast, fallen tendenziell in diese Kategorie.

Wenn du deine einzelnen Aufgabentypen nach Dringlichkeit und Wichtigkeit sortiert hast, kannst du dir überlegen, wie du den Überblick über die einzelnen Aufgabentypen behältst.

ÜBERBLICK ÜBER TO-DOS BEHALTEN

Es ist egal, mit welchen Mitteln du dafür sorgst, dass du all deine Aufgaben rechtzeitig erledigst. Wichtig ist, dass dein System für dich funktioniert. Für manche bedeutet das ein Notizbuch, in das sie alles aufschreiben, und für andere besteht das perfekte System aus drei Apps und einem Papierkalender. Überlege dir, wie du am sinnvollsten die einzelnen Aufgabentypen trackst. Dafür solltest du dir einige Fragen stellen und dadurch entscheiden, welche Organisationsmittel am besten zu dir passen.

→ **Wie hast du deine Aufgaben bisher festgehalten und wie gut hat das für dich funktioniert?**

Eine Bestandsaufnahme von bisherigen Organisationsarten kann dir dabei helfen, besser zu verstehen, wie du dich am besten an Aufgaben erinnerst und welche Gedächtnisstützen nicht hilfreich für dich sind. Für jeden ist ein anderes System am besten.

→ **Bist du eher Team Papier oder Team Digital?**

Für »Team Papier« bieten sich Notizhefte und Planer an, für »Team Digital« To-do-Listen-Apps wie Todoist, Things 3, Microsoft To Do oder andere. Papierplaner sollten ein Layout haben, das zu deinem Planungsstil passt. Brauchst du viel Platz für Aufgaben an bestimmten Tagen? Dann lohnt sich ein Tageskalender. Wenn deine Aufgaben eher von wöchentlicher Natur sind, passt eher ein Wochenkalender. Falls es dich motiviert, einen ästhetisch ansprechenden Kalender zu nutzen, kannst du natürlich auch darauf basierend entscheiden. Das Gleiche gilt bei Apps - die Funktionen und das Layout (und natürlich auch die Kompatibilität mit deinen Geräten) entscheiden, wie sinnvoll die einzelnen Apps für dich sind.

→ **Wie gut bist du darin, dich an die Deadlines für dringende Aufgaben zu erinnern?**

Wenn du Probleme damit hast, dich an Fristen und Termine zu erinnern, dann hilft dir eine App, die dir Erinnerungen an deine Aufgaben schickt (Todoist kann dir zum Beispiel zu von dir festgelegten Zeiten Erinnerungs-Mails senden). Oder du nutzt ein rotes Post-it mit den wichtigsten To-dos für die Woche, welches du zum Beispiel deutlich sichtbar auf deinen Schreibtisch klebst. Wichtig ist nur, dass die Erinnerungsmethode dir wirklich hilft und du sie nicht übersiehst.

→ **Prokrastinierst du gerne bei unwichtigeren (und weniger dringenden) Aufgaben, wenn du wichtige (und dringende) Aufgaben zu tun hast?**

Falls ja, kann es sich lohnen, deine Aufgabenlisten für wichtige und unwichtige Aufgaben physisch zu trennen, etwa durch unterschiedliche Notizbücher oder Apps. Ich persönlich nutze beispielsweise Todoist für wichtige Aufgaben, weil die App mir auch Erinnerungen schicken kann. Meine privaten Aufgaben hingegen tracke ich in Things 3, wo ich meine Ideen für kreative Bastelprojekte zu meinen einzelnen To-dos aufschreiben kann. Aber all das sehe ich nur, wenn ich die App öffne, da sie mir keine Erinnerungen schickt. Ich erlaube es mir erst, die Freizeit-App zu öffnen, wenn ich die wichtigen Aufgaben des Tages erledigt habe. Weil ich genau weiß, dass ich sonst gerne mit den spaßigeren Aufgaben meine Zeit verbringe.

→ **Wie gut bist du darin, langfristige Aufgaben ohne Zeitdruck bei nahender Deadline zu erledigen?**

Langfristige Aufgaben sind größere Aufgaben, wie zum Beispiel das Schreiben einer Hausarbeit oder einer Abschlussarbeit. Du kannst sie nicht am Tag der Deadline erledigen und musst dir in den Wochen (oder auch Monaten oder im Falle von Doktorarbeiten sogar Jahren) vor der Deadline immer wieder Zeit nehmen, um daran zu arbeiten. Bist du jemand, der am Tag der Deadline mit Augenringen und Energydrink am Schreibtisch sitzt, weil er die ganze Nacht durchgearbeitet hat, und die Arbeit dann völlig fertig eine Minute vor Abgabeschluss einreicht? Dann könnte es sich für dich lohnen, dich gleich zum Start hinzusetzen und die große Aufgabe in kleinere Teile aufzusplitten (zum Beispiel Recherche, Gliederung erstellen, Schreiben des ersten Drittels, …) und dir Deadlines für diese kleineren Aufgaben zu setzen. Für diese einzelnen, kleineren Aufgaben kannst du dir zusätzlich Termine setzen und Erinnerungen schicken lassen. Egal wie gut du beim Einhalten von Deadlines für langfristige Aufgaben bist: Finde einen Ort, an dem du alle zukünftigen Deadlines trackst. So erkennst du auch schnell und schon Wochen im Voraus, ob einige Deadlines in dieselbe Woche fallen. Damit vermeidest du unnötigen Stress und kannst verhindern, dass du zwei oder mehr große Aufgaben zeitgleich fertigstellen musst.

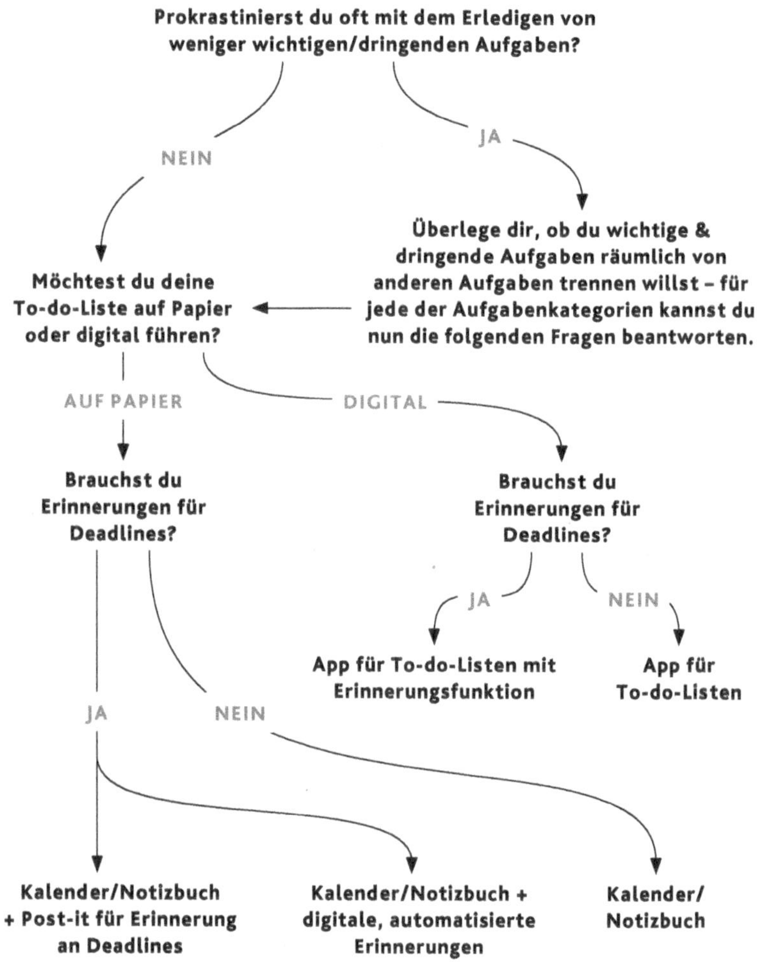

Das Ergebnis dieser Überlegungen kann recht simpel sein – vielleicht lädst du dir einfach eine App herunter oder besorgst dir ein Notizbuch. Ganz egal wie: Hast du deine Aufgaben immer im Blick, wirst du es wesentlich leichter haben, ohne Zeitdruck alles unter einen Hut zu bekommen. Aber es reicht natürlich nicht, sich nur an seine Aufgaben zu erinnern. Du musst dir dann auch die Zeit nehmen, sie zu erledigen.

ZEITPLANUNG

Egal ob digitaler oder papierbasierter Kalender: Dein Planer gibt dir einen schnellen Überblick über deine verfügbare Zeit. Dadurch fällt dir die Entscheidung leichter, wann du an welchen Aufgaben arbeiten wirst – und du erkennst, ob du noch Kapazität für weitere Sachen hast. Es ist gut investierte Zeit, sich am Anfang des Semesters oder neuen Halbjahres hinzusetzen und den Stundenplan in den Kalender einzutragen. Digital geht das etwas schneller als auf Papier, da du sich wiederholende Events im Kalender nur einmal eintragen und dann nur noch festlegen musst, wann die Wiederholung des Events aufhören soll (also das Semester- oder Halbjahresende).

Pflichtveranstaltungen wie Vorlesungen oder Unterrichtsstunden trägst du als Erstes in den Kalender ein. In der Universität besteht zwar für viele Kurse keine Anwesenheitspflicht mehr, aber die Möglichkeit, daran teilzunehmen, hältst du dir besser offen. Vielleicht hilft dir die Präsenz bei Vorlesungen ja tatsächlich beim Lernen. Hast du alle Pflichtveranstaltungen eingetragen, kannst du mit deinen Hobbys und anderen Terminen fortfahren. Je genauer du deinen Kalender führst, desto besser kannst du einschätzen, wann du überhaupt noch Zeit hast. Es lohnt sich daher auch, Funktionen wie beispielsweise die Anreisezeit in digitalen

Kalendern zu nutzen: Wenn ein Termin um 15 Uhr beginnt, du aber 45 Minuten dorthin brauchst, wird das im Kalender abgebildet. Dadurch siehst du noch besser, wie viel Zeit du wirklich benötigst.

Damit Dinge wie Lernen oder Hausaufgaben nicht zu kurz kommen, planst du am besten auch dafür Zeit im Voraus ein – selbst wenn du noch nicht genau weißt, was du in welcher Woche konkret machen musst. Mit der Methode des *Calendar Blocking* kannst du dir im Kalender Zeit dafür frei halten. Du kannst das auch zum Aufbau einer Routine nutzen, indem du dir Woche für Woche gewisse Zeiten fürs Lernen blockst.

CALENDAR BLOCKING

Calendar Blocking ist eine Methode zum Reservieren von Zeiten in deinem Kalender. Du blockst dir also Zeitfenster in deinem Kalender für das Erledigen von bestimmten Aufgabentypen und sorgst so dafür, dass du genügend Zeit für die entsprechenden Aufgaben hast. Überlege dir vorab, wie viel Zeit du realistisch für verschiedene Aufgabentypen brauchst. Wie lange dauern also normalerweise die Hausaufgaben? Oder das Arbeitsblatt aus dem Tutorium? Wie viel Zeit benötigt die Nachbereitung einer Vorlesung? Baue dann noch zusätzlich einen zeitlichen Puffer ein, um nicht unter Zeitdruck zu geraten. Mit *Calendar Blocking* lässt sich leicht eine Routine aufbauen, und du kannst an deinem Kalender gut ablesen, wann du noch Zeit für anderes hast, wie zum Beispiel Treffen mit Freunden. Durch die geblockten Zeitfenster übersetzt du deine To-do-Listen in konkrete Zeit und läufst nicht Gefahr, die benötigte Zeit zu unterschätzen.

UNTERRICHTSNOTIZEN RICHTIG AUFBEWAHREN

Wenn du weißt, was du erledigen musst, und die Zeit dafür konkret eingeplant hast, fehlt dir nur noch ein Teil in deinem Organisationssystem: Wie legst du deine Mitschriften aus dem Unterricht oder den Vorlesungen sowie deine aufgeschriebenen Hausaufgaben ab? Wie möchtest du alle deine Dokumente organisieren, damit du gegen Kursende nicht vor einem Papierhaufen von unsortierten Notizen stehst?

Die erste Frage zur Aufbewahrungsmethode ist, ob du deine Notizen digital oder auf Papier führen willst und wie du sie aufbewahren möchtest. Für viele ist die Antwort auf beide Fragen vermutlich dieselbe. Aber für manche lohnt es sich auch, im Unterricht digital mitzuschreiben, die Mitschriften dann jedoch zu Hause auszudrucken und noch mal durchzuarbeiten, handschriftlich zu ergänzen und wichtige Stellen mit Textmarkern hervorzuheben. Das hängt ganz von deiner persönlichen Präferenz ab und wie du am besten mit deinen Notizen arbeiten kannst.

Unabhängig davon, ob du deine Mitschriften digital oder auf Papier verwahrst, solltest du dir aber Gedanken darüber machen, wie du sie sortierst. Falls du dich für digitale Mitschriften entscheidest: Sichere deine Mitschriften durch ein Back-up in einer Cloud, damit ein kaputter Computer dir nicht die Klausurvorbereitung ruiniert. Als eine Person, die wenige Wochen vor ihren Abschlussprüfungen aus Versehen Tee über ihren Laptop geschüttet hat, kann ich bestätigen, dass so ein Back-up im Notfall eine echte Rettung ist.

Digitale Notizen organisierst du am besten so, dass du noch vor dem Öffnen des Dokuments weißt, worum es sich jeweils handelt. Hast du beispielsweise einen Ordner für deinen Geschichtskurs und jedes Dokument darin hat Namen wie »Vorlesung«, »Notiz Vorlesung«, »Vorlesungsmitschrift« und so weiter, dann hilft dir das nicht, wenn du deine Mitschriften zu einem bestimmten Thema der Vorlesung suchst. Überlege daher besser noch während oder am Ende der Vorlesung, welche Hauptthemen besprochen wurden, und packe diese dann in den Titel. Dann kann deine digitale Sammlung von Mitschriften zum Beispiel so aussehen:

1 - Bürgerkrieg - Definition & Theorie

2 - Ursachen des Spanischen Bürgerkriegs

3 - Ausländische Interventionen im Spanischen Bürgerkrieg

4 - ...

Dadurch kannst du leicht erkennen, welche Informationen du in welchem Dokument finden kannst. Durch die chronologische Nummerierung der Dokumente ist es leichter nachzuvollziehen, wie die Vorlesung aufgebaut war (und dein Computer kann die Dokumente dann einfach nach den Zahlen ordnen, und somit sind die Dokumente in der Ansicht immer chronologisch geordnet).

Ist ein Kurs sehr komplex, kann es hilfreich sein, einzelne Ordner für unterschiedliche Themen anzulegen. So musst du beim Suchen eines bestimmten Themas nicht durch 100 Mitschriften scrollen. Solche Ordner kannst du übrigens schon am Anfang des Halbjahres oder Semesters anlegen, wenn du den Lehrplan der Vorlesung oder den Unterrichtsplan durchgehst. Hast du die Strukturen dafür schon geschaffen, musst du die einzelnen Dokumente nur noch dort speichern. Das ist einfacher und schneller, als es während des Semesterstresses oder während der Schule auch wirklich so zu machen und nicht erst mal alles auf dem Desktop zu speichern.

Genauso kannst du auch vor Beginn des Unterrichts deine Ordner oder Hefte für Mitschriften auf Papier vorbereiten. Arbeitest du mit Ordnern und somit mit losen Blättern, ist es von Vorteil, auf jedem Blatt zu vermerken, wo es hingehört. So bleibst du auch organisiert, falls die Papiere mal aus dem Ordner herausfallen. Dafür reicht eine Seitenzahl und eine Kopfzeile, die den Kurstitel enthält und das Datum (zum Beispiel »Zivilrecht, 10.03.2024«).

Für Ordner gibt es ein paar Optionen – welche davon am besten zu dir passen, hängt von deinen Kursen und Präferenzen ab. Die verschiedenen Optionen siehst du in der Tabelle auf der nächsten Seite. Entscheide, was am besten zu dir passt.

METHODE	PROS & CONS
Ein Ordner für alles: Ein Ordner mit Unterteilungen für deine einzelnen Kurse. Einzelne Fächer kannst du noch mal nach Themen unterteilen.	+ Du hast immer alle Mitschriften dabei. + Du kannst nichts vergessen. + Lohnt sich, wenn du jeden Tag alle Fächer hast und dafür die alten Mitschriften brauchst. - Kann schnell schwer werden. - Wenn du alte Mitschriften nicht benötigst, schleppst du unnötig viel mit dir herum.
Ein Ordner pro Fach: Jedes Fach oder jeder Kurs bekommt einen eigenen Ordner. Diese kannst du innerhalb des Ordners bei Bedarf nach Themen unterteilen.	+ Du musst weniger tragen als bei Option eins, falls du täglich nur einzelne Fächer belegst. + Die Fächer sind klar voneinander abgegrenzt. - Selbst die einzelnen Ordner können sehr schwer werden. - Es ist leichter, deine Mitschriften für ein Fach zu vergessen.
Ein Ordner für den Unterricht und ein oder mehrere Ordner für zu Hause: Du hast einen Ordner, in dem du die letzten Mitschriften mitnimmst. Ältere Mitschriften bewahrst du in einem Ordner zu Hause auf. Deinen Unterrichtsordner leerst du regelmäßig in deinen Ordner für zu Hause.	+ Du trägst weniger herum. + Meistens reichen die letzten Mitschriften aus, du sparst dir Gewicht. - Solltest du den Ordner täglich umpacken wollen, darfst du dies nicht vergessen.

Die Ordner – ob digital oder für papierbasierte Mitschriften – kannst du bereits vor der Unterrichtszeit vorbereiten. Hast du diese Infrastruktur schon geschaffen, fällt es dir leichter, sie im Unterrichtsstress auch zu nutzen. Und das Ganze dauert auch nicht lange. Überlege dir einfach, welche Methoden für dich am besten passen, und setze diese dann um.

WAS ALLES ZU DEINEM ORGANISATIONSSYSTEM GEHÖRT

Wenn du dein Organisationssystem vollständig aufsetzen möchtest, solltest du also über folgende Dinge nachdenken:

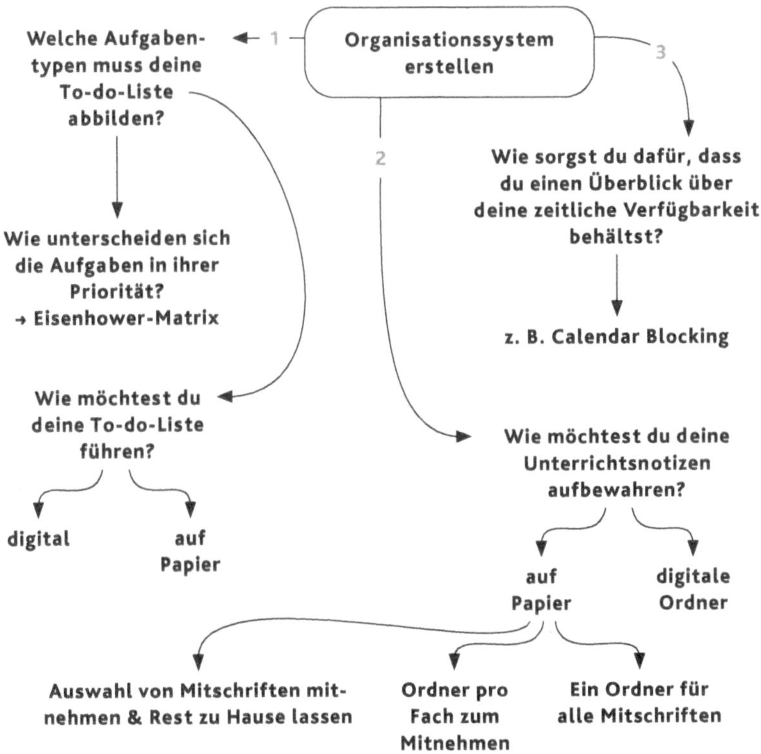

Wie du den Unterricht am besten nutzt

Dein Organisationssystem unterstützt dich dabei, deine Lernziele besser und effizienter zu erreichen. Was aber eigentlich zählt, sind die Inhalte, die du mit der Hilfe deines Organisationssystems produzierst. Je besser beispielsweise deine Mitschriften inhaltlich sind, desto größer wird dein Lernerfolg sein. Damit du gute Mitschriften anfertigen kannst, die dann in deine Ordner kommen, musst du den Unterricht für dich nutzen.

Dafür musst du natürlich im Seminar oder im Unterricht anwesend sein. Ich weiß, das klingt ziemlich offensichtlich, aber sei ehrlich mit dir selbst: Warst du schon mal »krank«, wenn du es eigentlich nicht warst? Oder hast du schon mal geschwänzt? Besuchst du diszipliniert die Vorlesungen, selbst wenn keine Anwesenheitspflicht besteht? In jedem Universitätskurs, den ich besucht habe und bei dem keine Anwesenheitspflicht bestand, kamen über das Semester hinweg immer weniger Studenten. Grundsätzlich empfehle ich jedem, alle Kurse zu besuchen, selbst wenn die Anwesenheit nicht obligatorisch ist. Nur in Ausnahmefällen würde ich auf eine Teilnahme verzichten, aber dazu kommen wir später noch.

Die ersten Vorlesungen oder Unterrichtsstunden geben dir einen Überblick über den Kurs und die Erwartungen des Dozenten. Du bekommst einen Geschmack für den Unterrichtsstil. Nutze diese Chance! Auch ohne Anwesenheitspflicht würde ich mindestens die ersten drei bis fünf Vorlesungen besuchen und dem Kurs eine Chance geben. Anfangs denkst du vielleicht, dass die Art zu erklären nicht für dich funktioniert und du dir die Inhalte besser selbst mit dem Lehrbuch beibringen kannst. Probiere es aus: Arbeite eine Vorlesung vor und mache ein paar Übungsaufgaben zu dem Thema aus Altklausuren (mehr zum Lernen mit Altklausuren findest du ab Seite 100). Diese Aufgaben kannst du nach der Vorlesung erneut bearbeiten. Wenn du merkst, dass dir die Vorlesung doch geholfen hat, lohnt sich die Teilnahme.

Kommen wir nun zur Ausnahme: Wenn der Unterricht dir wirklich nichts bringt und keine Anwesenheitspflicht besteht, dann kann es besser sein, sich den Stoff mithilfe von Lehrbüchern eigenständig zu erarbeiten. Frage dich dabei jedoch: Machst du das wirklich kontinuierlich? Einen ganzen Kurs kannst du nicht mal eben schnell am Tag vor der Klausur nachholen. Es braucht viel Disziplin, um sich immer wieder dazu zu zwingen, die Inhalte zu lernen. Vielleicht fällt es dir leichter, wenn du dich in der Vorlesungszeit in die Bibliothek setzt. Dadurch bist du schon mal an einem Ort, der mit dem Lernen verbunden ist. Von Leuten umgeben zu sein, die ebenfalls für ihre Kurse arbeiten, kann auch eine Art Gruppendruck ausüben, der dich ermutigt, das Lehrbuch aufzuschlagen.

Wie stellst du eigentlich fest, dass der Unterricht dir nichts bringt? Das hängt von zwei Faktoren ab: der Unterricht selbst und die Natur des Kurses. Ersteres meint, wie gut der Dozent die Themen erklären kann, wie interessant der Unterricht gestaltet ist und wie tief er geht. Gibt eine Vorlesung dir beispielsweise nur einen sehr groben Überblick über ein Thema und es wird erwartet, dass du dir alles drumherum selbst erarbeitest, dann kannst du vielleicht auch mit den bereitgestellten Vorlesungsskripten arbeiten und die Vorlesungszeit besser nutzen.

Manche Kurse sind jedoch von solcher Natur, dass es sich trotzdem lohnt, zum Unterricht zu gehen. Wenn der Kurs so strukturiert ist, dass es kein Lehrbuch gibt, das die behandelten Themen abdeckt, sondern du erst in den Vorlesungen erfährst, worauf der Fokus liegt, dann ist es besser, anwesend zu sein - insbesondere wenn es kein Vorlesungsskript gibt. Gerade interdisziplinäre Kurse sind oft so aufgebaut. Denn der Dozent entscheidet selbst, wie er die einzelnen Themen verbinden möchte. Standardisierte Kurse sind das genaue Gegenteil davon. Im Jurastudium kannst du dir beispielsweise ziemlich sicher sein, dass Vorlesungen wie »Zivilrecht I« oder »Staatsorganisationsrecht« unabhängig von der Universität inhaltlich recht ähnlich aufgebaut sind, da Studenten in diesen Kursen mit dem gleichen Grundwissen ausgestattet werden sollen.

Sobald du dich entschieden hast, welche Kurse du besuchen wirst, sollte dir klar sein: Die reine Anwesenheit reicht noch nicht aus. Du musst dich auch in eine Position versetzen, in der du dem Unterricht gut folgen kannst. Genug Schlaf ist das Wichtigste dafür. Wenn du zu müde bist, um dem Unterricht zu folgen, dann nimmst du genauso viel vom Unterricht mit, als wenn du gar nicht dort gewesen wärst. Um die acht Stunden Schlaf pro Nacht[1] sind der beste Weg, dich auf den Unterricht vorzubereiten.

Such dir vor Ort einen Platz, der dir beim Lernen hilft. Lässt du dich vom Onlineshopping der Kommilitonen in den Reihen vor dir ablenken? Dann versuche, dich ganz nach vorne zu setzen. Sitzt du neben deinen Freunden, die während des Unterrichts über alles Mögliche sprechen? Sag ihnen ehrlich, dass du dich auf die Lerninhalte fokussieren möchtest und dich daher umsetzt. Das kann man lieb sagen – und in der Pause sieht man sich ja sowieso wieder. Ich selbst habe mich fast schon gemein gefühlt, als ich das einmal zu meinen Freunden gesagt habe. Aber sie haben es mir gar nicht übel genommen. Und im Nachhinein hat es mir tatsächlich sehr geholfen.

Aktive Mitarbeit ist ganz wichtig, damit dir der Unterricht etwas nutzt. Wenn du im Unterricht bist, dann konzentriere dich auch nur darauf. Falls Ablenkungen ein Problem für dich sind, dann überlege dir, wie du diese ausblenden kannst. Falls du zum Beispiel viel an deinem Handy hängst, dann lade dir doch eine App herunter, die es dir erschwert, in der Unterrichtszeit auf die sozialen Medien oder sonstige Apps zuzugreifen. Es gibt zum Beispiel die App Forest. Sie ermöglicht es dir, einen Timer für die Unterrichtszeit zu aktivieren. Öffnest du in dieser Zeit eine andere App, stirbt ein kleiner digitaler Baum. Aus persönlicher Erfahrung kann ich sagen, dass dieser kleine digitale Baum tatsächlich dazu motiviert, die Finger vom Handy zu lassen. Du kannst auch deine Mitschriften auf Papier machen, wenn du merkst, dass dein Laptop oder Tablet dich zu sehr ablenken.

Zum aktiven Mitarbeiten gehört es auch, sich am Unterricht zu beteiligen. Wird eine Frage gestellt und du glaubst, die Antwort zu kennen, dann versuche es. Insbesondere in der Universität musst du keine Angst haben, blöd auszusehen, wenn du falschliegst – die Kurse sind oft so groß und anonym, dass der Professor sich sowie nicht daran erinnern wird. Häufig kennst du die meisten Studenten gar nicht – die haben das also ebenfalls ganz schnell wieder vergessen. Und wenn du eine Frage hast, stell sie! Lehrer und Dozenten haben oft ihre eigenen Regeln, wie man fragen soll – manche möchten, dass man gleich fragt, und andere bieten beispielsweise Office Hours an, in denen man seine Fragen stellen kann. Egal wie, informiere dich über deine Möglichkeiten und nutze diese Angebote. Das bedeutet aber nicht, dass ich dir dazu raten würde, nach dem Motto »Es gibt keine dummen Fragen« zu leben und alle Fragen zu stellen, ohne dich erst einmal selbst um eine Antwort zu bemühen. Insbesondere an der Universität wird von Studenten erwartet, dass sie selbstständig arbeiten. In der Schule ist das noch weniger der Fall. Als Studierender solltest du zumindest das Lehrbuch und Google zurate ziehen – wenn beides dir nicht hilft, dann wird dein Professor es definitiv können. Manche Dozenten sind dafür offener als andere. Meistens machen die Dozenten gleich von sich aus klar, welche Erwartungen sie haben. Wenn ihr aber Übungsaufgaben in der Vorlesung durchgeht, ist es normalerweise in Ordnung, direkt zu fragen, wenn etwas nicht verständlich ist.

Wenn du den Unterricht und die Vorlesungen so für dich nutzt, kannst du von den Inhalten viel mitnehmen und somit für dich gut verständliche Mitschriften verfassen. Wie du dabei am besten vorgehst, behandeln wir im nächsten Abschnitt.

Wie schreibst du mit?

Damit du auch Wochen später noch auf das Wissen, das du aus dem Unterricht mitgenommen hast, zurückgreifen kannst, empfiehlt es sich, immer mitzuschreiben. In der Schule wird dir das häufig noch vorgegeben, aber spätestens in der Uni gibt es maximal noch ein Vorlesungsskript, welches oft von den Studenten mit dem Inhalt der Vorlesungen gefüllt werden muss. Meist ist ein solches Skript eine Art ausführliches Inhaltsverzeichnis der Vorlesung, das jedoch noch mit wichtigen Details gefüllt werden muss. Diese erfährst du in der Vorlesung. Aber was macht gute Mitschriften aus?

Eine Vorlesung sowie eine Unterrichtsstunde sind quasi eine Präsentation - kein Diktat. Nimm dir als Ziel vor, die wichtigen Informationen mitzuschreiben, aber die unwichtigen herauszulassen. Es nützt dir nichts, alles Wort für Wort mitzuschreiben, wie es gesagt wird. Wenn du das tust, hast du am Ende sehr lange Mitschriften, aus denen du dann noch die wichtigsten Informationen ableiten musst. Damit machst du dir nur Extra-Arbeit.

Falls du dir unsicher bist, wie du deine Mitschriften von Vorlesungen am besten gestaltest, kannst du dich an einigen gängigen Notizmethoden orientieren, die ich dir jetzt kurz vorstelle, und im Anschluss gebe ich noch einige allgemeine Hinweise für Vorlesungsnotizen und Mitschriften[2]:

GLIEDERUNGSMETHODE

Du gehst bei dieser Methode von der generellen Information zur spezifischen über. Je spezifischer es wird, desto weiter eingerückt ist die Information. Bei solchen Notizen kannst du im Nachhinein gut erkennen, zu welchem Oberthema welche Information gehört. Du kannst dich als Stütze dabei meist gut an der Gliederung der Vorlesung orientieren. Diese Methode funktioniert gut für die meisten Vorlesungen und Unterrichtsstunden, außer mathematische und manche naturwissenschaftliche. Das Ergebnis sieht dann beispielsweise so aus:

1) **Influencer Marketing**
    1) Auswahl der Influencer
        1) Brand Alignment
            1) Bereits bestehende Zusammenarbeit
            2) Unbezahlte Nutzung des Produkts
            3) Inhalte des Influencers passen zum Produkt
        2) Zielgruppe
            1) Alter
            2) Geschlecht
            3) Ggf. Interessen an der Nische des Influencers ablesbar
        3) Erfolgschancen
            1) Reichweite
                1) Nano-Influencer: < 1,000 Follower
                2) Mikro-Influencer: 1,000 - 100,000 Follower
                3) Makro-Influencer: 100,000 - 1 Million Follower
                4) Mega-Influencer: ab 1 Million Follower
                5) Problem: Werden Follower der Plattformen des Influencers addiert, oder zählt jede Plattform einzeln?
            2) Engagement Rate
                1) Kommentaranzahl pro Post
                2) Likes pro Post
                3) Saves pro Post
                4) Tendenziell wird ein Durchschnittswert der letzten zwei Wochen bis drei Monate genommen
            3) Beziehung des Influencers zur Zuschauerschaft
                1) Misst, wie sehr die Zuschauerschaft dem Influencer vertraut
                2) Schwer messbar, aber extrem wichtig für den Erfolg eines Werbeplacements
                3) Kann an Kommentaren abgelesen werden, jedoch ist dies nur für eine kleine Anzahl Beispielkommentare möglich

TABELLENMETHODE

Dabei erstellst du eine Tabelle, die die wichtigsten Informationskategorien abbildet. Wenn du beispielsweise in einer Geschichtsvorlesung unterschiedliche Geschehnisse zeitlich einsortieren und dir die wichtigsten Personen merken willst, dann könnte dir so eine Tabelle helfen:

JAHR	EVENT	WICHTIGE PERSONEN	WEITERE NOTIZEN

Das Eintragen in eine solche Tabelle spart zwar Zeit, aber diese Methode ist leider nicht für alle Vorlesungen geeignet. Die behandelten Informationen müssen sich in die vorher bestimmten Kategorien einteilen lassen. Wenn du dir aber einen Überblick über einen Schwall von Informationen verschaffen möchtest, wie zum Beispiel in der Geschichtsvorlesung, kann sie hilfreich sein. Um vorher bereits die Tabellenkategorien festlegen zu können, musst du schon wissen, worum es in der Vorlesung gehen wird. Weißt du das nicht, kannst du diese Methode allerdings auch nutzen, um eine Vorlesung nachzubereiten. Zum Beispiel, um die gelernten Inhalte für dich zu sortieren.

CORNELL-METHODE

Du teilst dein Papier (typischerweise eine DIN-A4-Seite) folgendermaßen auf[3]:

<table>
<tr><td colspan="2">1. Fach/Thema</td></tr>
<tr><td>3. Stichworte
→ offene Fragen
→ zentrale Begriffe
→ wichtige Thesen</td><td>2. Mitschrift
→ wichtige Informationen und Zusammenhänge
→ Diagramme/ Grafiken</td></tr>
<tr><td colspan="2">4. Zusammenfassung</td></tr>
</table>

In der Titelzeile (1) notierst du deine Überschrift, damit du die Notiz zuordnen kannst. Die rechte Spalte (2) nutzt du für das Aufschreiben von Punkten aus der Vorlesung. Wenn dir währenddessen noch Fragen kommen, ein Begriff besonders wichtig ist oder du etwas zum Wiederholen hervorheben möchtest, schreibst du das in die linke Spalte (3). In den unteren Abschnitt (4) kommt eine relativ kurze Zusammenfassung des Inhalts von Nummer (2).

Die Cornell-Methode ist sehr strukturiert. Sie kann dir insbesondere dabei helfen, wichtige Informationen hervorzuheben. Ich würde aber von einer zu kurzen Zusammenfassung abraten. Du kannst diese Methode aber natürlich auch einfach auf deine individuellen Bedürfnisse anpassen und dir mehr Platz als typischerweise vorgesehen für die Zusammenfassung geben.

WICHTIGE VS. UNWICHTIGE INFORMATIONEN

Es lohnt sich, sich beim Schreiben immer wieder zu fragen: Ist das, was ich gerade aufschreibe, wirklich wichtig für den Kurs oder die Klausur? Insbesondere beim Wechsel von der Schule zur Universität ist das nicht immer so leicht zu entscheiden. Während man diesbezüglich in der Schule oft Hilfestellungen und Anweisungen von den Lehrern bekommt, wird man in der Universität eher allein gelassen. Aber keine Sorge, Übung macht den Meister. Spätestens nach der ersten Klausurenphase bekommt man ein gutes Gespür dafür, was einem inhaltlich nützt und was nicht. Und je mehr Semester man hinter sich hat, desto leichter fällt es einem, wichtige Informationen von unwichtigen zu unterscheiden.

Tendierst du dazu, dir viele unwichtige Informationen aufzuschreiben, und bist dadurch gezwungen, deine Mitschriften später noch mal nach den wirklich wichtigen Dingen zu durchsuchen? Falls du derzeit mit dem Laptop arbeitest, hilft dir vielleicht der Umstieg auf handgeschriebene Notizen. Wer von Hand schreibt, schreibt selektiver, da man meistens nicht so schnell ist wie beim Tippen. So konzentrierst du dich ganz automatisch auf die wichtigen Informationen.

Handgeschriebene Mitschriften haben noch einen weiteren Vorteil, das haben mehrere Studien gezeigt. Personen, die ihre Mitschriften von Hand erstellten, können konzeptuelle Fragen zu dem Thema der Notizen besser beantworten als die Personen, die ihre Mitschriften getippt hatten. Es wird vermutet, dass die von Hand geschriebenen Notizen effektiver waren, weil ihre Autoren sich während des Schreibens mehr mit dem Thema auseinandersetzen mussten, um die Informationen kurz und knapp zu Papier bringen zu können, ohne dass die wichtigen Elemente verloren gingen. Die tippenden Personen konnten hingegen die Vorlesung fast Wort für Wort mitschreiben und mussten sich so mental nicht so sehr mit dem Thema beschäftigen.[4]

FALSCHER FREUND: FOLIEN

Folien, die in einer Vorlesung benutzt werden, sind oft ein falscher Freund, wenn es darum geht, zu entscheiden, welche Informationen wichtig sind. Die Folien sind meistens lediglich eine Art Gliederung oder Unterstützung einer Präsentation. Sie sind aber nicht dafür gedacht, Wort für Wort abgeschrieben zu werden. Die Folien können auch Themenexkurse enthalten und anderes, das vielleicht interessant, aber nicht wichtig ist. Die Folien können aber hilfreich für die Struktur deiner Mitschriften sein. So kannst du dich beispielsweise an den Überschriften orientieren, um einzuordnen, zu welchem Unterthema welcher Punkt gehört. Schreibe nie von Folien ab, ohne darüber nachzudenken. Wer nur den Text von den Folien kopiert, merkt beim späteren Durchlesen leider häufig, dass er eigentlich gar nicht richtig durchblickt. Überlege dir daher schon in der Vorlesung, ob du das gerade behandelte Thema verstehst. Und schreibe es so auf, wie du es dir selbst in deinem Kopf erklärst (dazu natürlich die notwendigen Fachbegriffe). So verstehst du das Thema auch langfristig, wenn du dir die Mitschrift Wochen oder sogar Monate später noch einmal anschaust.

BEISPIELE AUS UNTERRICHT UND VORLESUNG

Wenn während der Vorlesung Beispiele besprochen werden und diese dir beim Verständnis helfen, dann nimm sie in deine Mitschrift auf. Gerade wenn du dir handschriftliche Notizen machst, kannst du auch mit kleinen Schaubildern zum Erklären arbeiten.

VERSTÄNDNISPROBLEME MARKIEREN

Wenn du etwas nicht verstehst, markiere dir die entsprechenden Stellen. Dann weißt du, dass du diese Themen nacharbeiten musst. Du kannst dir dafür beispielsweise eine bestimmte Textmarkerfarbe oder ein Symbol aussuchen oder auch digital einen Kommentar an der Stelle hinterlassen. So siehst du nach der Vorlesung auf den ersten Blick, an welchen Stellen du noch etwas ergänzen musst.

NACHARBEITEN VON UNTERRICHT UND VORLESUNGEN

Gute Mitschriften zu erstellen endet nicht mit dem Unterricht oder der Vorlesung. Nacharbeiten wie beispielsweise das Ergänzen von noch unklaren Themen gehört auch dazu. Am besten schaust du dir nach dem Unterricht noch mal kurz deine Mitschriften an. Und wenn du merkst, dass du etwas vergessen hast, kannst du es noch ergänzen, weil die Vorlesung oder die Unterrichtsstunde noch recht frisch in deinem Kopf ist. Wochen später erinnerst du dich vermutlich nicht mehr daran, was du mit einem unklaren Teil der Mitschriften gemeint hast. Aber jetzt kannst du noch etwas damit anfangen und es verbessern. Gewöhne dich an diese schnelle Nachbereitung als eine tägliche Routine. Nimm dir abends zehn bis 30 Minuten Zeit. Es geht recht schnell, die Mitschriften noch einmal zu überfliegen, und es kann dir sehr helfen, wenn du dir den Stoff Wochen später noch einmal vornimmst.

Beim Nacharbeiten kannst du mit Farben arbeiten und besonders wichtige Aspekte hervorheben. Solltest du mit einem Farbcode arbeiten, bei dem bestimmte Farben eine bestimmte Bedeutung haben, dann nutze am besten einen fachübergreifenden Farbcode. So kommst du nicht durcheinander. Ich hatte während meines Jurastudiums einen dreifarbigen Code, den ich in jedem Fach angewendet habe: Grün für wichtige Fälle und Gesetzesnormen, Pink für Aussagen verschiedener Rechtswissenschaftler, die für verschiedene Meinungen in Debatten stehen, und Lila für alle weiteren wichtigen Informationen.

Ein guter Farbcode ist nicht zu komplex, damit man ihn sich leicht merken kann, aber vor allem ist er individuell. Überlege dir, wie du dein Wissen einteilst – und dementsprechend kannst du deinen Farbcode gestalten. Falls es dir zu umständlich ist, verschiedene Farbstifte immer dabeihaben zu müssen, kannst du bei handgeschriebenen Notizen stattdessen mit Symbolen arbeiten. Denke dir einfach einen Symbolcode aus, der ähnlich funktioniert. Oder du verwendest eine Kombination von beidem. Ich hatte beispielsweise zusätzlich zu meinem Farbcode ein Symbol für besonders wichtige Fälle, die ich mit einem Stern markiert habe.

Anforderungen ans Lernen verstehen: Schule vs. Uni

Wie bereits mehrfach erwähnt, unterscheiden sich die Anforderungen an das Lernen in der Schule und an der Universität voneinander. Insbesondere wenn man gerade den Schritt neu aus der Schule in die Hochschule oder Universität geht, kann es schwierig sein, die neuen Anforderungen direkt zu verstehen. Falls du noch Schüler bist oder gerade mit dem Studium begonnen hast, kann dir dieser Abschnitt helfen, dich in deiner neuen Umgebung zurechtzufinden.

ANFORDERUNGEN IN DER SCHULE

In der Schule wird einem das, was man lernen muss, meistens recht streng vorgegeben. Im Unterricht werden Themen in der Tiefe durchgenommen, wie sie auch in der Klausur abgefragt werden. Wird es erwartet, dass man sich außerhalb des Unterrichts noch mehr mit dem Thema beschäftigt, so wird einem gesagt, welche Seiten man als Hausaufgabe lesen soll. Selbst für das Üben des Unterrichtsstoffs wird oft gesorgt – so gibt es im Matheunterricht beispielsweise Zeiten, in denen jeder an Rechenaufgaben arbeitet und beim Üben auch Fragen stellen kann.

ANFORDERUNGEN IN DER UNIVERSITÄT

An der Universität ist vieles davon Eigenarbeit. Man bekommt normalerweise nicht mehr gesagt, welche Seiten man genau lesen muss, sondern soll sich oft selbst aus einem von mehreren Lehrbüchern eins heraussuchen und damit eigenständig die Vorlesung nacharbeiten. Aber was genau heißt das eigentlich?

Im Gegensatz zur Schule reicht es an der Universität nicht mehr aus, alles in der Vorlesung (das Äquivalent zum Unterricht) Besprochene zu wissen. Die Vorlesungen behandeln die Themen in der Regel nicht in ausreichender Tiefe, um für die Klausur gewappnet zu sein. Es gibt natürlich auch Ausnahmen, aber das sagen die Dozenten dann auch am Anfang des Kurses. Normalerweise sollte man sich als Student aber darauf einstellen, dass man sich neben den Vorlesungen noch einiges an Wissen selbst aneignen muss.

Aber wie stellt man fest, wann man genug weiß? Wie tief muss man ein Thema behandeln, um gut auf die Klausur vorbereitet zu sein? Um die Anforderungen an die eigene Lernleistung zu verstehen, lohnt es sich, in der ersten Vorlesungs- oder Seminarstunde bei der Empfehlung der Lehrbücher gut aufzupassen. Lehrbücher behandeln die Kursthemen meistens in unterschiedlicher Tiefe. Die Professoren geben normalerweise am Anfang des Kurses eine Einschätzung, welches Lehrbuch sich für einen eher groben Überblick eignet, welches zu detailliert ist - und welches sie tatsächlich selbst empfehlen. Daran kannst du dich orientieren.

Im Gegensatz zur Schule wird einem nicht nach jeder Vorlesung gesagt, dass man zur Nachbereitung ins Lehrbuch schauen soll - das wird einfach erwartet. Man muss sich daher zu einem gewissen Grad selbst einen Lehrplan erstellen und sich das Lehrbuch am besten in Semesterwochen unterteilen. So teilt man sich das Lernen in Abschnitte ein und hat am Ende alle Themen behandelt.

In Vorlesungen wird zwar hin und wieder eine Beispielaufgabe besprochen, aber Übungszeit wie im Matheunterricht in der Schule ist meistens nicht vorgesehen. Auch hier sollte man sich selbst organisieren, und sich beispielsweise regelmäßig an Altklausuren versuchen. Je nach Fach gibt es auch Übungskurse, die speziell dafür da sind, dich an das Bearbeiten von Beispielaufgaben heranzuführen. So ist es im Jurastudium üblich, dass in sogenannten Fallübungen geübt wird, wie du ein Gutachten erstellst, mit welchem du einen

Sachverhalt rechtlich analysierst und bewertest. Wenn es in deinem Studiengang solche Übungsangebote gibt, solltest du sie insbesondere am Anfang deiner Universitätszeit nutzen. So kannst du schnell ein Gefühl dafür bekommen, was von dir in den Prüfungen erwartet wird.

HAUSAUFGABEN: SCHULE VS. UNIVERSITÄT

An der Universität ist wesentlich mehr Eigenverantwortung für das eigene Lernen gefragt als in der Schule. Selbst wenn es die Möglichkeit gibt, Übungsaufgaben einzureichen, dann meist auf freiwilliger Basis. So etwas wie verpflichtende Hausaufgaben gibt es eigentlich nicht mehr. Das klingt vielleicht befreiend, aber es erfordert auch viel Selbstdisziplin. Denn auch wenn Hausaufgaben lästig sind, helfen sie einem beim Üben. Wenn man weiß, dass sowieso niemand kontrolliert, ob man sich das Lehrbuch angeschaut oder Übungen gemacht hat, ist es leichter, es einfach nicht zu tun. Spätestens in der Klausurenphase bereut man das dann aber.

ÜBERGANG VON DER SCHULE ZUR UNIVERSITÄT

Ich empfehle dir für die ersten Semester, freiwillige Übungsaufgaben wie verpflichtende Hausaufgaben zu behandeln. Das Gleiche gilt für das Lehrbuch und entsprechende Nachbereitung. Nachdem du gerade erst aus dem Schulalltag kommst, vermeidest du dadurch, dass du dir zu viele Freiheiten nimmst. Wenn du etwas Erfahrung an der Universität gesammelt hast, kannst du besser einschätzen, welche Übungsangebote du dir sparen kannst und wo dir Unterstützung hilft.

Hausaufgaben und eigenständiges Nacharbeiten

Es gehört zum erfolgreichen Lernen dazu, sich außerhalb des Unterrichts beziehungsweise der Vorlesungen mit dem Lernstoff auseinanderzusetzen. Auch wenn du formal in der Universität in der Regel keine Hausaufgaben mehr bekommst, gibt es trotzdem Dinge, die du für jedes Fach erledigen musst – auch wenn dies keiner kontrolliert. In der Universität zeigt sich letztendlich erst in der Klausur, ob du diese Arbeit gemacht hast.

Du solltest daher eine Routine entwickeln und dir Zeit nehmen für deine »Hausaufgaben« oder für das eigenständige Recherchieren, also das Nacharbeiten der Vorlesung mit dem Lehrbuch. Dafür kannst du dir in deinem Kalender Zeitslots blocken (siehe dazu *Calendar Blocking* ab Seite 36). Im Schulkontext schaust du dir am besten deinen Stundenplan an und überlegst, in welchen Fächern du die meisten Hausaufgaben bekommst beziehungsweise für welche du am meisten Zeit brauchst. Daran kannst du dich orientieren, wenn du dir überlegst, wie viel Zeit du jeden Tag für Hausaufgaben einplanen möchtest. Kalkuliere dabei nicht zu knapp – es ist besser, schneller als gedacht fertig zu werden und sich mit spaßigen Dingen zu beschäftigen, als nicht genug Zeit für die Aufgaben zu haben.

An der Universität brauchst du dich weniger an dem jeweiligen Tagesstundenplan zu orientieren, aber du kannst es natürlich dennoch machen. Oder du pickst dir einfach ein bestimmtes Fach für jeden Tag heraus. Wichtig ist nur, dass du so mit deiner Zeit haushaltest, dass du auch all das durcharbeitest, was an eigenständiger Arbeit von dir erwartet wird und für deinen persönlichen Lernerfolg wichtig ist.

Damit du dieses Ziel erreichst, schau dir beispielsweise das Lehrbuch an, für welches du dich entschieden hast, und gleiche das Inhaltsverzeichnis mit dem Lehrplan ab. Kapitel, die über den Lehrplan hinausgehen, kannst du auslassen. Dann rechnest du aus, wie viele Seiten du durcharbeiten musst, und setzt dir Wochenziele.

Genau wie Hausaufgaben kannst du das eigenständige Recherchieren auch als eine Art Verständniskontrolle nutzen. Hausaufgaben sind meistens dazu da, das Gelernte noch mal zu üben. Das Nacharbeiten von Vorlesungen dient der Vertiefung des Themas. Aber egal ob Hausaufgabe oder eigenständiges Nacharbeiten - wenn dir auffällt, dass du ein Thema noch nicht richtig verstehst, dann schau es dir genauer an. Hilft das auch nicht weiter, kannst du deinen Lehrer oder deinen Professor um Hilfe bitten. Professoren kann man oft auch eine E-Mail mit Fragen zu den Vorlesungsthemen schreiben - am Anfang der Universitätszeit traut man sich das vielleicht noch nicht, aber man muss keine Angst davor haben. Die meisten freuen sich eher, wenn sich jemand für ihr Fach interessiert.

Bei Hausaufgaben musst du dir keine großen Gedanken dazu machen, wie du sie gestaltest - meistens ist ziemlich genau vorgegeben, was zu tun ist und was erwartet wird. Beim Nacharbeiten von Vorlesungen hast du hingegen alle Freiheiten. Ob du dabei Mindmaps, Poster, Bulletpoint-Listen oder sonstige Elemente nutzt, bleibt dir überlassen. Eine wichtige Entscheidung ist, ob du beim Nacharbeiten ein separates Dokument führen oder lediglich deine Vorlesungsmitschriften mit Informationen aus dem Lehrbuch ergänzen möchtest. Letzteres ist leichter, wenn du während der Vorlesung digital mitschreibst, weil du so leicht neue Informationen ergänzen kannst. Aber wenn du vorab planst, den handgeschriebenen Notizen noch etwas hinzuzufügen, lass dafür einfach etwas Platz auf dem Papier.

Es gibt keine richtige oder falsche Methode. Ich persönlich habe kursabhängig mal die Vorlesungsmitschriften ergänzt und eigene Texte mit zusätzlichen Informationen aus dem Lehrbuch verfasst. Du musst dir nur bewusst machen, dass du bei zwei unterschiedlichen Dokumenten (Mitschrift und Nacharbeitung) später beim Erstellen deiner Lernmaterialien, wie beispielsweise Karteikarten, aus beiden Quellen Informationen übertragen musst. Wenn du lieber alle Informationen an einem Ort gesammelt hast, dann lohnt es sich, deine Vorlesungsnotizen zu ergänzen.

Wenn du dir noch unsicher bist, hilft es dir vielleicht, dich an anderen zu orientieren: Frage einfach deine Mitstudenten, welche Erfahrungen sie gemacht haben, oder stöbere auf Plattformen wie StudyDrive, wo andere ihre Notizen teilen. Das kann dir ein Gefühl dafür geben, welche Art von Notizen dir vom Aufbau her besser liegen. Genauso kannst du dich aber auch an den Notizmethoden aus dem Abschnitt »Wie schreibst du mit?« (Seite 46) orientieren.

Gute Mitschriften aus den Vorlesungen kombiniert mit den Informationen aus dem Lehrbuch sind eine gute Basis, um deine Lernmaterialien zu erstellen. Die helfen dir bei der

Vorbereitung auf deine Klausur. Dasselbe gilt für gut geführte Mitschriften aus dem Schulunterricht, kombiniert mit dem Wissen aus den Hausaufgaben. Für welche Lernmaterialien du dich dann entscheidest - zum Beispiel Karteikarten oder selbst erstellte Quizze, die die Infos abfragen -, behandeln wir im nächsten Kapitel. Je nach Lernmethode wirst du andere Lernmaterialien benötigen. Nun beschäftigen wir uns erst einmal allgemein mit dem Erstellen von Lernmaterialien - worauf, unabhängig von der Lernmethode, für die du dich entscheidest, geachtet werden muss.

Wie du aus Mitschriften Lernmaterialien erstellst

Dein Lernmaterial bezeichnet die Hilfsmittel, mit denen du dich letztendlich auf die Klausur vorbereitest. Je nachdem, welche der im nächsten Kapitel vorgestellten Lernmethoden du wählst, wirst du unterschiedliches Lernmaterial nutzen. Dein Lernmaterial kann beispielsweise eine von dir geschriebene Zusammenfassung sein oder Karteikarten oder sogar eine Sprachnotiz. Unabhängig davon, für welches Medium du dich für deine Lernmaterialien entscheidest, gelten gewisse inhaltliche Anforderungen. Für den Erfolg einer jeden Lernmethode ist die Qualität deines Lernmaterials entscheidend. Diese misst sich an zwei Faktoren:

1. **Enthält dein Lernmaterial alle notwendigen Informationen, aber auch nur diese?** Nur so kannst du deine begrenzte Lernkapazität auch sinnvoll nutzen und verschwendest sie nicht für Informationen, die du gar nicht hättest lernen müssen.

2. **Wie gut verständlich sind deine Lernmaterialien für dich?** Es ist egal, ob deine Karteikarten, Zusammenfassungen oder was auch immer du wählst, für andere Sinn ergeben würden. Du solltest aber sofort beim Durchschauen deiner Lernmaterialien das Thema wieder verstehen können - auch wenn du die Notizen schon eine Weile nicht mehr wiederholt hast.

Diese beiden Faktoren schauen wir uns nun hintereinander an.

NOTWENDIGE INFORMATIONEN – ABER AUCH NICHT MEHR

Du kannst dir den Prozess des Erstellens deiner Lernmaterialien wie einen Trichter vorstellen:

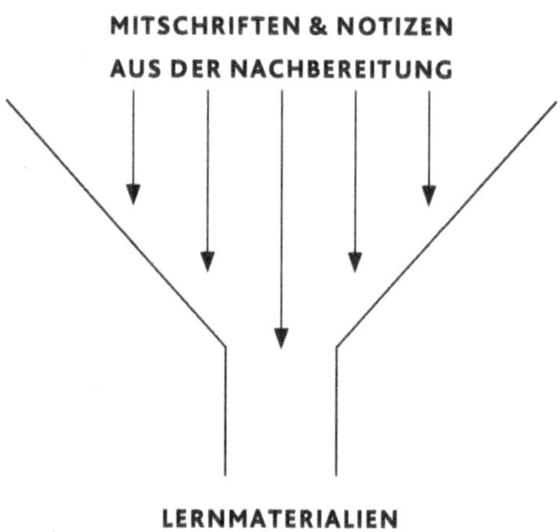

Deine Mitschriften aus den Vorlesungen oder dem Unterricht und deine Notizen vom Nacharbeiten sind noch relativ weit gefasst. Aus ihnen musst du nun die wichtigsten Informationen für die Klausur herausziehen und in deine Lernmaterialien übertragen. Denke immer daran, dass du kein Elefant bist - dein Gehirn hat nur begrenzten Speicherplatz. Überlege deswegen ganz genau, welche Informationen wirklich so wichtig sind, dass sie es in deine Lernmaterialien schaffen.

Woher weißt du, welche Informationen wichtig sind? »Wichtig« bedeutet beim Lernen für Prüfungen generell »prüfungsrelevant«. Du entscheidest also nicht danach, welche Informationen du persönlich als wichtig erachtest. Es gibt einige Informationen, die du guten Gewissens beim Erstellen deiner Lernmaterialien auslassen kannst. Dazu zählt alles, was dein Lehrer oder Dozent vom Prüfungsstoff ausgegrenzt hat. Wenn also beispielsweise nur Thema drei bis fünf der Vorlesung abgefragt wird, dann musst du nicht Thema sechs lernen. Ähnlich verhält es sich mit Themenexkursen. Wenn bereits im Unterricht gesagt wird, dass dies lediglich eine zusätzliche Information ist, die über den Lehrplan hinausgeht, dann kannst du sie dir auch als solche in deinen Mitschriften markieren, um sie beim Erstellen der Lernmaterialien zu überspringen.

Nachdem du diese Informationsarten ausgeklammert hast, kann immer noch einiges an Informationen in deinen Mitschriften übrig geblieben sein. Was nun? Überlege dir, was die Erwartungshaltung an dich in der Prüfung sein wird. Sollst du zum Beispiel in Geschichte gewisse Informationen zu einem Krieg wiedergeben und analysieren und vielleicht auch kritisieren können? Dann musst du diese Informationen erst einmal lernen. Des Weiteren solltest du dir aber auch die Skills aneignen, um mit diesen Informationen zu arbeiten. Das bedeutet, dass du aus deinen Mitschriften die konkreten Informationen zu diesem Krieg ziehen und in deine Lernmaterialien übertragen solltest. Du solltest dir aber auch anschauen, was ihr bis jetzt zum Arbeiten mit solchen

Informationen besprochen habt. Hast du zum Beispiel Feedback zu Probeaufsätzen dieser Art bekommen (wenn auch zu anderen Themen)? Oder habt ihr im Unterricht darüber gesprochen, wie man beispielsweise verschiedene geschichtlichen Perspektiven evaluieren kann? Auch dazu, wie du solche Fragen angehst, kannst du dir in deinen Lernmaterialien etwas vermerken, wenn du dazu noch nicht sicher bist.

Manchmal kann es schwer sein vorauszusehen, wie umfangreich eine Klausur sein wird. Es ist leider so, dass du immer noch etwas mehr lernen könntest. Du kannst immer noch eine weitere Information zu einem Thema finden und dich noch tiefer einarbeiten. Je mehr du dich jedoch auf Klausuren vorbereitest, desto einfacher wird es, Klausuren einzuschätzen. Und wenn du dir mal nicht sicher bist, können Altklausuren und prüfungsähnliche Übungsaufgaben aus dem Unterricht dir dabei helfen, dich zu orientieren. Wenn du dir bezüglich des Erwartungshorizonts der Prüfung unsicher bist, kannst du dazu auch immer mit deinem Prüfer Rücksprache halten. Schreibe dir genau auf, bei welchen Themen du dir unsicher bist, ob sie in den prüfungsrelevanten Stoff hineinfallen, und frage nach. Lieber einmal nachgefragt als viel Zeit mit unnötigem Lernen verbracht.

LEICHTE VERSTÄNDLICHKEIT VON LERNMATERIALIEN

Neben der Auswahl der wichtigsten Infos kommt es vor allem auf die Verständlichkeit an. Übernehme daher nicht einfach automatisch die Formulierungen aus deinen Mitschriften, sondern überlege dir, ob du weißt, was damit genau gemeint ist. Wenn nicht, formuliere die Informationen entsprechend um. Falls es dir hilft, kannst du auch hier mit Schaubildern oder erklärenden Beispielen arbeiten.

Stell dir beim Erstellen deiner Lernmaterialien einfach vor, dass du dein eigener Lehrer bist und dir die Themen beibringst. Wie erklärst du die Themen verständlich? Welche Aspekte sind am wichtigsten? Welches Grundwissen brauchst du zuerst, um die weiteren Themen zu verstehen? An diesen Fragen kannst du dich für die Strukturierung und inhaltliche Gestaltung der Lernmaterialien orientieren.

Deine Lernmaterialien müssen sich nicht wie Unterrichtsmaterialien von Lehrern lesen. Du kannst Umgangssprache verwenden, dir lustige Beispiele überlegen und auch deine Hobbys mit einbringen. Ich habe mir beispielsweise manche strafrechtlichen Sachverhalte gerne so erklärt, dass ich die einzelnen Charaktere nach Deutschrappern benannt habe. So konnte ich es mir besser merken und manchmal hat es sogar gepasst, dass Rapper A mit Rapper B Streit hat, da sie auch im echten Leben »Beef« miteinander hatten.

Wie du dir Hilfe suchst

Was, wenn du alle Tipps befolgt und trotzdem Mühe hast, den Lernstoff zu verstehen? Dann hol dir Unterstützung. Je nachdem, ob du Schüler oder Student bist, sehen deine Möglichkeiten etwas anders aus.

Widmen wir uns also erst einmal den Hilfsmöglichkeiten, die sowohl Studenten als auch Schülern offenstehen. Man kann sich bei Fragen zum Unterricht immer an den Lehrer beziehungsweise den Dozenten wenden. Damit du davon am meisten hast, lohnt es sich, sich vorher stichpunktartig aufzuschreiben, was du alles fragen möchtest. Gegebenenfalls kannst du auch die Übungsaufgabe mitbringen, die dir Schwierigkeiten bereitet, und dem Lehrer oder Dozenten anhand deines angefangenen Lösungsweges zeigen, wo du nicht weiterkommst. Damit zeigst du auch, dass du es bereits selbst versucht hast.

Du kannst dich auch an deine Mitschüler oder Kommilitonen wenden. Wenn du weißt, dass jemand anderem dieses Thema liegt, dann bitte ihn, es dir zu erklären. Falls ein Fach dir dauerhaft Probleme bereitet, könntest du auch einer Lerngruppe für dieses Fach beitreten, in der du deine Fragen mit anderen besprechen kannst. Achte aber darauf, dass deine Lerngruppe sich wirklich mit den Inhalten des Studiums oder des Unterrichts beschäftigt und nicht eigentlich nur eine Möglichkeit für deine Freunde und dich ist, euch über alles Mögliche zu unterhalten. Deswegen ist es gar nicht so schlecht, wenn die Gruppe aus Personen besteht, mit denen du nicht so eng befreundet bist.

Nachhilfe ist sowohl in der Schule als auch im Studium eine Option, aber das kann auch ganz schön ins Geld gehen. Vor allem für Schüler gibt es von Stiftungen auch Angebote für kostenlose Nachhilfe, allerdings sind diese meistens an gewisse Benachteiligungskriterien gebunden. Das kostenlose Angebot soll denen zugutekommen, die sich bezahlte Nachhilfe nicht leisten können. Aber wenn du in diese Kategorie fällst, kann das eine tolle Option sein. Deine Lehrer können dir wahrscheinlich am besten bei der Suche nach lokal aktiven Stiftungen weiterhelfen. Ansonsten kannst du auch online nachschauen. Die Caritas organisiert beispielsweise Nachhilfeangebote in Kinderzentren.

Wenn du nach bezahlter Nachhilfe suchst, kannst du auf verschiedenen Onlineplattformen entweder auf Anzeigen von Nachhilfelehrern antworten oder selbst eine Anzeige zur Suche eines Nachhilfelehrers einstellen. Je nach Bildungslevel bieten auch weiter fortgeschrittene Schüler oder Studenten Nachhilfe an. Vor einer Entscheidung lohnt es sich, Preise und Bewertungen (sofern vorhanden) zu vergleichen.

Als Schüler hast du noch ein paar andere Optionen. Du kannst dich, falls deine Schule das anbietet, für einen Lernklub für das relevante Fach anmelden. Ich wurde beispielsweise in der sechsten Klasse dazu verdonnert, dem Matheklub beizutreten, weil ich wirklich grottenschlecht in Mathe war. Anfangs war ich nicht so begeistert, aber als dann die erste Eins in Mathe auf meinem Zeugnis stand, war ich sehr dankbar für die Hilfe, die ich dadurch bekommen habe.

Für Studenten gibt es oft verschiedene Hilfsangebote, je nach Problem. Wenn du beispielsweise beim Schreiben einer Hausarbeit nicht weiterkommst, kannst du dich meistens an ein Schreibzentrum an deiner Universität wenden. Diese Zentren bieten kostenlose Workshops und oft auch Einzelberatungen an.

Du kannst dich auch an Mitarbeiter des Lehrstuhls deines Dozenten wenden. Das sind meistens auch Studenten, die deine Situation gut nachvollziehen können. In der Regel kennen sie sich im Fachbereich des Lehrstuhls gut aus und können dir somit weitere Lernhilfen empfehlen. Man kann bei ihnen normalerweise auch nach einem Termin fragen, falls es mehrere Probleme zu besprechen gibt.

Wichtig ist für Studenten, selbst aktiv nach Unterstützung zu suchen, wenn man mit dem Lernstoff nicht vorankommt. Im Gegensatz zur Schule ist man an der Universität für viele Dozenten ein relativ anonymer Student, und durch die wenigen Leistungskontrollen fällt es dort nicht so schnell auf, wenn man hinterherhinkt. Im Unterricht fällt es einem Lehrer, der seine Schüler alle kennt, wesentlich schneller auf, wenn ein Schüler das Material nicht versteht. Lehrer suchen dann meistens auch das Gespräch mit dem Schüler und zeigen von sich aus Hilfsmöglichkeiten auf. In der Universität muss man sich diese Hilfe selbst holen. Aber keine Sorge – es gibt sie!

WORUM ES IN DIESEM KAPITEL GING:

→ Mache dir vor Beginn des Unterrichts Gedanken über dein Organisationssystem und setze die Infrastruktur noch vor der ersten Unterrichtsstunde auf.
→ Nutze den Unterricht für dich, indem du aktiv mitarbeitest und dich von Ablenkungen befreist.
→ Achte beim Mitschreiben im Unterricht darauf, dass die Notizen auch noch Wochen später für dich verständlich sind. Notiere dir zudem nur das Wichtigste.
→ Lies dir deine Notizen nach dem Unterricht stets noch einmal durch.
→ Achte auf die Lernanforderungen, die für dich in Schule beziehungsweise Universität gelten.
→ Nutze Hausaufgaben und eigenständiges Nacharbeiten zur Verständniskontrolle.
→ Filtere für deine Lernmaterialien nur die relevanten Informationen aus deinen Mitschriften.
→ Solltest du vermehrt Schwierigkeiten haben, hole dir rechtzeitig Unterstützung.

3

Lernmethoden

Bis jetzt haben wir uns mit den Dingen beschäftigt, die vor der heißen Lernphase unmittelbar vor der Prüfung stattfinden. Die bisher behandelten Themen gehören auch zum erfolgreichen Lernen, denn sie bereiten dich auf das vor, was wir uns jetzt anschauen: das tatsächliche Lernen. Wie lernt man richtig? Leider gibt es auf diese Frage keine universelle Antwort - das hängt sowohl von deinen Präferenzen als auch von den zu lernenden Inhalten ab. Daher geht es in diesem Kapitel um zehn verschiedene Lernmethoden. Ich erkläre euch dabei auch, welche Methode am besten zu welchen Inhalten passt. So kannst du schnell sehen, welche Lernmethode sich für jedes deiner Fächer eignet. Generell ist es gut, wenn du mehr als nur eine Lernmethode nutzt. Eine Lernmethode kann toll für ein Fach sein und recht wirkungslos für ein anderes. Manche Methoden sind sogar miteinander kompatibel - du kannst beispielsweise dein Erstellen von Zusammenfassungen (Seite 70) mit der Zeiteinteilung der Pomodoro-Technik (Seite 96) kombinieren.

Manche dieser Methoden kennst du vielleicht schon, und andere sind möglicherweise neu für dich. Wenn du dir noch nicht sicher bist, ob du gute Lernmethoden für dich gefunden hast, empfehle ich dir, die neuen Methoden einfach einmal auszuprobieren. Ob eine Methode zu dir passt, kannst du an zwei Faktoren festmachen: der Effizienz der Methode und deinem Lernerfolg. Die Effizienz der Methode misst sich daran, wie viel Zeit du in die Umsetzung investieren musst. Dein Lernerfolg beschreibt, wie gut du mit der Methode lernen konntest. Einfach gesagt: Wie viel von dem Lernstoff ist bei dir hängen geblieben?

Im Idealfall findest du Lernmethoden, die sowohl effizient sind als auch großen Lernerfolg bringen. Falls eine Methode nur in einer dieser Kategorien gut ist, musst du dir ehrlich überlegen, was wichtiger für dich ist. Geht es zum Beispiel um einen kleinen Test und du brauchst mehr Vorbereitungszeit für eine andere, wichtigere Klausur? Dann reicht für den Test vielleicht eine Lernmethode, die effizient ist, aber nicht ganz so viel Lernerfolg verspricht. Schauen wir uns nun die verschiedenen Methoden an:

Zusammenfassungen

Die erste Lernmethode haben die meisten von uns vermutlich schon einmal genutzt: Zusammenfassungen. Aber Zusammenfassungen, von denen man lernt, unterscheiden sich von den Zusammenfassungen, die man von Vorlesungen und Lehrbuchinhalten erstellt. Wie bereits im letzten Kapitel erwähnt, sollten deine Lernmaterialien nur einen Teil der Informationen von deinen Unterrichtsmitschriftenn enthalten - nämlich den wichtigsten Teil.

Daher schreibt man sich bei dieser Lernmethode als Lernmaterial eine neue Zusammenfassung aller wichtigen Inhalte aus den eigenen Mitschriften. Man eignet sich die Inhalte der Zusammenfassungen an, indem man diese immer wieder liest und verinnerlicht. Das Schreiben einer solchen Zusammenfassung kann, insbesondere mit der Hand, sehr zeitaufwendig sein. Falls du deine Mitschriften als getippte, digitale Dokumente verwahrst, kannst du einfach die wichtigsten Teile in deine Zusammenfassung kopieren. Trotz des höheren Zeitaufwands können sich handgeschriebene Zusammenfassungen trotzdem lohnen. Sie sind zwar weniger effizient, können aber zu einem höheren Lernerfolg führen. Wie bereits im vorigen Kapitel zum Thema »richtiges Mitschreiben« erwähnt, können handgeschriebene Notizen zu einem besseren konzeptionellen Verständnis des aufgeschriebenen Inhalts beitragen. Das liegt vermutlich daran, dass man sich beim Schreiben mit der Hand mehr mit dem Thema auseinandersetzt als beim Tippen.[1]

Diesen Vorteil kannst du auch bei digitalen Notizen auf Tablets nutzen. Allerdings gilt das nur, wenn du bereits damit vertraut bist.[2] Sobald du mit deiner digitalen Notizen-App genauso selbstverständlich umgehst wie mit Stift und Papier, genießt du die Vorteile von handgeschriebenen Notizen, ohne die Bequemlichkeit digitaler Notizen zu verlieren. Digitale Notizen haben den Vorteil, dass du sie immer mitnehmen und leicht Back-ups erstellen kannst und dich somit gegen einen möglichen Verlust absicherst. Damit hast du auch gewährleistet, dass du deine Zusammenfassung immer zur Verfügung hast, um sie wieder durchzugehen.

Das reine Durchlesen von Informationen wird oft als ineffektive Lernmethode angesehen.[3] Es ist allerdings falsch, das Lernen mit Zusammenfassungen darauf zu reduzieren. Denn du beschäftigst dich bereits beim Schreiben der Zusammenfassung sehr intensiv mit den Lerninhalten. Das Durchlesen der Informationen kommt danach. Und du kannst diese Methode noch effektiver machen, indem du die Zusammenfassung nicht nur passiv, sondern aktiv liest. Was bedeutet das? Du kannst beispielsweise beim zweiten oder dritten Durchlesen damit anfangen, bestimmte Informationen zu verdecken und so zu testen, wie viele der Inhalte du bereits verinnerlicht hast. Oder du stellst dir während des Lesens immer wieder selbst Kontrollfragen, denkst dir kleine Anwendungsaufgaben aus und stellst so fest, ob du das Gelernte wirklich verstanden hast. Deiner Fantasie sind dabei keine Grenzen gesetzt.

ZUSAMMENFASSUNGEN

Bei der Methode Zusammenfassungen bildest du alle prüfungsrelevanten Aspekte eines Themas in einer geschriebenen Zusammenfassung ab. Das Lernen der Inhalte findet durch das Erstellen und spätere Durchlesen der Zusammenfassung statt. Um Letzteres effektiv zu machen, solltest du es aktiv gestalten.

Aber was macht eine gute Zusammenfassung aus? Für Strukturvorschläge kannst du dir noch mal die verschiedenen Notizmethoden ab Seite 46 »Wie schreibst du mit?« anschauen. Du kannst für verschiedene Aspekte eines Themas auch unterschiedliche Notizmethoden nutzen – manches lässt sich besser als Mindmap zusammenfassen und woanders bietet eine Tabelle den besten Überblick. Im Gegensatz zu Mitschriften aus Vorlesungen kannst du dir hier auch mehr Zeit nehmen, um komplexere Farbcodes zu nutzen oder mehr

Arbeit in die Grafiken zu stecken. So kannst du dir beispielsweise für Biologie Schaubilder aufmalen, die du beschriften können musst, oder einen Zeitstrahl für eine historische Periode für eine Geschichtsklausur erstellen.

Oder du entwickelst eine ganz eigene Methode für deine Zusammenfassungen. Ich selbst mache das zum Beispiel gerne digital mit der App GoodNotes (und früher mit Notability) und versuche, meine Notizen extra ästhetisch zu gestalten, damit ich sie mir gerne wieder anschaue. Und ich baue immer mal wieder kleine Witze ein (meistens schlechte), die mir tatsächlich dabei helfen, mir den Lernstoff besser zu merken. Während des Schreibens stelle ich mir vor, dass ich gerade mein eigenes Lehrbuch für das Fach verfasse. Daher schreibe ich alles so auf, wie es für mich gut verständlich ist. Auf diese Weise erkläre ich mir das Thema während des Schreibens nochmals selbst – was zusätzlich hilft.

Meine Vorgehensweise beim Schreiben von Zusammenfassungen braucht definitiv einige Zeit. Aber für mich persönlich funktioniert diese Methode sehr gut, weil ich mich dabei sehr detailliert mit den Themen auseinandersetze. Um etwas hübsch gestalten zu können, muss man erst einmal herausarbeiten, worum es im Kern geht, und dies dann in die wichtigsten Aspekte herunterbrechen. Erst dann kann man sich beispielsweise kleine Schaubilder zum Verständnis malen.

Nicht jeder von euch wird einen Sinn darin sehen, seine Notizen auf besondere Weise zu gestalten. Und ich würde auch niemals jedem dazu raten, es unbedingt genauso machen zu müssen wie ich. Es kommt darauf an, wie du selbst am besten lernen kannst.

Und wie du das Schreiben von Zusammenfassungen angehst, hängt am Ende auch davon ab, was du lernen musst.

VOR- UND NACHTEILE VON ZUSAMMENFASSUNGEN

VORTEILE	NACHTEILE
→ Nützlich für Fächer, in denen du viel Inhalt (auswendig) lernen und vielleicht auch mit Schaubildern arbeiten musst. → Durch aktives Lesen der Zusammenfassungen kannst du die Effektivität der Methode steigern.	→ Nicht nützlich für Fächer, die wenig Informationen zum Auswendiglernen beinhalten, wie beispielsweise Mathe. → Die Lernmethode sieht keine Anwendung des gelernten Wissens vor. → Kann sehr zeitintensiv sein. → Das reine Durchlesen der Zusammenfassung kann ineffektiv sein, wenn es nicht aktiv gestaltet wird.

Erinnerungsstützen

Diese Lernmethode wird in der Regel in Kombination mit einer weiteren Lernmethode angewendet. Erinnerungsstützen sind beispielsweise Eselsbrücken, die man bildet, um sich an bestimmte Informationen zu erinnern. Die Eselsbrücke für die Reihenfolge der Planeten in unserem Sonnensystem kennen viele von uns vielleicht noch aus ihrer Kindheit:

»**M**ein **V**ater **e**rklärt **m**ir **j**eden **S**amstag **u**nseren **N**achthimmel.«[4]
Merkur, **V**enus, **E**rde, **M**ars, **J**upiter, **S**aturn, **U**ranus, **N**eptun.

Eine andere Art von Erinnerungsstützen sind Schlüsselwörter. Dabei suchst du dir beispielsweise beim Vokabellernen ein dir bereits bekanntes Wort aus, das der zu lernenden Vokabel ähnlich sieht oder so ähnlich klingt.[5] Wenn ich mir etwa das englische Adjektiv »kind« ansehe, denke ich an das deutsche Wort »Kind«, weil die beiden Wörter gleich geschrieben werden und sich somit sehr ähnlich sehen. Um »Kind« als Schlüsselwort für die Bedeutung des englischen Wortes zu verwenden, muss ich die beiden nun miteinander verbinden. Ich stelle mir beispielsweise das Bild eines Kindes (Schlüsselwort) vor, welches lächelt und jemandem einen Lolli anbietet (das Kind ist nett, also »kind«). Durch dieses mentale Bild erinnere ich mich an die Bedeutung der englischen Vokabel, wenn ich das Fremdwort vor mir sehe. Erinnerungsstützen funktionieren auch in ganz anderen Formen. Die Witze, die ich in meine handgeschriebenen Notizen einbaue, sind ebenfalls Erinnerungsstützen. Da ich meine schlechten Witze gut finde, erinnere ich mich eher an den lustigen Teil und verbinde ihn mit dem zu lernenden Wissen und kann dieses somit auch abrufen.

Erinnerungsstützen eignen sich nicht nur fürs Auswendiglernen. Sie können dir auch bei Anwendungsaufgaben helfen. Möchtest du dir zum Beispiel merken, wie du in einer bestimmten Art von Matheaufgabe vorgehen musst, kannst du dir eine Eselsbrücke für die einzelnen Lösungsschritte bauen, um keinen zu vergessen. Erinnerungsstützen allein sind jedoch in den meisten Fällen keine komplette Lernmethode. Für einen kurzen Vokabeltest reichen sie meist aus. Aber wenn du viel Lernstoff hast, dann überlege dir gut, wie viele Eselsbrücken du dir wirklich merken kannst. Denn eine Erinnerungsstütze ist nur dann gut, wenn du sie dir problemlos im Gedächtnis behalten kannst. Manchmal ist es zudem sinnvoll, Erinnerungsstützen aufzuschreiben. Zum Beispiel dann, wenn du weißt, dass du das gelernte Wissen nicht nur für diese eine Klausur brauchst, sondern dass es später noch einmal abgefragt wird. Dann hast du die Erinnerungsstütze gleich parat.

Bei den eingebauten Witzen in meinen Zusammenfassungen habe ich die Erinnerungsstützen mit einer anderen Lernmethode kombiniert. Das geht ganz leicht, und zwar kannst du die zu lernende Information mit ganz verschiedenen Quellen verbinden, um sie dir zu merken. Hier sind einige Dinge, auf die du dich beziehen kannst, um eine Erinnerungsstütze zu bilden:

→ Schlüsselwort-Methode
→ Bilder, die in deinem Kopf entstehen
→ Witze
→ Memes, die zum Lerninhalt passen
→ Songtexte
→ Serien
→ Bücher

Es gibt auch Erinnerungsstützen, die du nicht aktiv gestalten musst. Manche Gerüche und Geschmäcker erinnern uns an bestimmte Personen oder Events. Das Parfüm meiner Mutter erkenne ich beispielsweise sofort. So kannst du etwa versuchen, den zu lernenden Inhalt mit einem Geschmack zu verbinden, indem du einen bestimmten Kaugummi beim Lernen und in der Prüfung kaust. Diese Taktik zeigte bei einer Studie mehr Lernerfolg, in der manche Probanden ohne Kaugummi lernten und andere mit dem Kauen von Kaugummi. Die zweite Gruppe kaute denselben Kaugummi auch in der

Prüfung.[6] Ob du eine solche Erinnerungsstütze nutzen kannst, hängt natürlich davon ab, ob das bei deiner Prüfung erlaubt ist. Vorsichtig: Kaugummi ist an Schulen oft nicht erlaubt.

ERINNERUNGSSTÜTZEN

Erinnerungsstützen sind mentale Hilfen, um sich an Informationen erinnern zu können. Das können zum Beispiel Eselsbrücken oder Schlüsselwörter, aber auch Witze oder Memes sein. Falls du dir eine Information einfach nicht merken kannst, ist eine Erinnerungsstütze eine gute Lösung.

Mein Tipp für das Nutzen von Erinnerungsstützen als Lernmethode ist es, sie für die schwierigen Informationen zu reservieren. Zu viele Erinnerungsstützen kann man sich oft nicht behalten. Daher lohnt es sich, diese Methode nur dann einzusetzen, wenn du dir eine Information mit einer anderen (Basis-)Lernmethode nicht merken kannst. Die Erinnerungsstütze ist dann quasi dein Joker. Somit wird der Großteil des Lernens von der Basis-Lernmethode (zum Beispiel einer Zusammenfassung) abgedeckt und nur ein kleiner Teil der Informationen wird durch Erinnerungsstützen gelernt.

BASIS-LERNMETHODE + **ERINNERUNGSSTÜTZEN**

(FÜR SCHWER ZU MERKENDE INHALTE)

Jedoch solltest du bei dieser Methode auch im Auge behalten, wie viel Zeit du darauf verwendest. Manchmal kann es schwer sein, auf eine anständige Eselsbrücke zu kommen oder ein Schlüsselwort zu finden. Ich empfehle dir, in diesen Fällen einen Timer von fünf bis maximal 15 Minuten zu stellen. Innerhalb dieser Zeit musst du eine Erinnerungsstütze gefunden haben. Wenn nicht, bleibe bei deiner (Basis-)Lernmethode. Du kannst dir beim Ausdenken von Erinnerungsstützen auch Hilfe von Freunden oder Familienmitgliedern holen. Diese müssen sich zum Bilden einer Eselsbrücke auch gar nicht mit deinem Thema auskennen und können dir mit ihrer Kreativität trotzdem schnell helfen.

VOR- UND NACHTEILE VON ERINNERUNGSSTÜTZEN

VORTEILE	NACHTEILE
→ Wir können uns Eselsbrücken und Bilder der Schlüsselwort-Methode aufgrund ihrer Einzigartigkeit oft gut merken. Auch Witze merken wir uns gerne, genauso wie die Songtexte, Serientitel oder andere positiv besetzte Dinge, die Spaß machen.	→ Erinnerungsstützen lassen sich nicht immer intuitiv finden, wodurch diese Methode viel Zeit in Anspruch nehmen kann.

Loci-Methode

Die Loci-Methode ist eine sogenannte Mnemotechnik, bei der du dir Lernstoff mithilfe von Assoziationen einprägst. Vielleicht hast du schon mal von der komplexeren Anwendung der Methode als *Gedächtnispalast* gehört. Ähnlich wie bei den Schlüsselwörtern setzt die Methode darauf, den Lernstoff mit anderen gedanklichen Bildern zu verbinden, damit du dich leichter daran erinnern kannst.

Um diese Lernmethode anzuwenden, suchst du dir zuerst einen Ort (oder Weg) aus, der dein Lernort für diesen Lernstoff wird. Das kann auch ein Fantasieort sein. Entscheidend ist lediglich, dass der Ort genügend Details für die einzelnen Wissenselememte hat, die du später mit dem Ort verknüpfen möchtest. Du kannst zum Beispiel dein Zimmer wählen oder deinen Weg zur Universität. Auf deinem Weg zum Campus können einzelne Details zum Beispiel sein:

- → der Bäcker, an dem du jeden Tag vorbeiläufst;
- → die Bushaltestelle;
- → der Zebrastreifen, den du überquerst;
- → der Park, durch den du läufst, und mehr.

Diese Details werden deine Ankerpunkte für die Lerninhalte, die du dir merken möchtest. Dir sollte klar sein, in welcher Abfolge du an diesen einzelnen Ankerpunkten vorbeikommst. Läufst du gedanklich deinen Weg zur Universität ab, ist es recht leicht zu wissen, welches Detail auf welches folgt. Wenn du dein Zimmer wählst, kannst du es in eine bestimmte Richtung ablaufen.

Sobald du deinen Lernort gewählt hast, verknüpfst du deine Ankerpunkte nacheinander mit Wissen. Willst du dir zum Beispiel etwas zum Urheberrecht merken und du wählst deinen Weg zur Universität, kannst du die Inhalte folgendermaßen einfügen:

ANKERPUNKT	VERKNÜPFUNG MIT LERNINHALT
Bäcker	Im Schaufenster des Bäckers siehst du statt des Logos des Bäckers die Abbildung einer kleinen Münze, um dich an das Konzept der »kleinen Münze« zu erinnern.
Bushaltestelle	An der Bushaltestelle wartet der Musiker Moses Pelham auf den Bus. Dies erinnert an das »Pelham-Urteil«.
Zebrastreifen	Auf dem Zebrastreifen steht ein Fotograf, der das gegenüberliegende Gebäude fotografiert. Dies erinnert dich an die »Panoramafreiheit« als eine der Schranken des Urheberrechts.

Die Ankerpunkte an deinem Lernort läufst du immer wieder in der gleichen Reihenfolge ab. Durch die Assoziation des neuen Wissens mit dem bekannten Wissen (dein Weg zur Universität) fällt es dir leichter, dich an die einzelnen Lerninhalte zu erinnern. Auch in einer Prüfung kannst du dann deinen Lernort ablaufen, um das Gelernte abzurufen. Die Loci-Methode klingt für viele am Anfang vielleicht etwas befremdlich, aber sie ist sehr effektiv.

LOCI-METHODE

Um mit der Loci-Methode zu lernen, platzierst du gedanklich das neu zu lernende Wissen in kleinen Paketen an verschiedenen Orientierungspunkten an einem dir bekannten Ort oder auf einem bekannten Weg. Die einzelnen Stationen läufst du dann gedanklich immer wieder ab und rufst an jedem Orientierungspunkt das jeweilige Wissenspaket gedanklich ab. Durch die Assoziation des Wissens mit einem dir bekannten Ort kannst du dich leichter an die zu lernenden Inhalte erinnern.

Diese Methode sieht normalerweise lediglich ein mentales Lernen vor. Aber ich empfehle dir, die Methode zu erweitern oder mit einer anderen Methode zu kombinieren, damit du alles nicht nur im Kopf, sondern auch schwarz auf weiß dokumentiert hast. Auf diese Weise hast du auch einige Semester später, wenn du deinen Lernort vergessen hast, noch etwas davon und kannst die Methode wieder verwenden, ohne dir etwas neu ausdenken zu müssen. Dein Lernort ist nämlich nur so lange effektiv, wie du ihn oft genug mental besuchst und abläufst, damit du das darin verpackte Wissen nicht vergisst.

Du kannst dir beispielsweise deinen Weg durch deinen Lernort inklusive der Verknüpfungen in einer Tabelle wie oben aufschreiben. So kannst du den Lernort, die Ankerpunkte und die Wissenspakete in deinem Kopf wieder aufbauen. Oder du kombinierst die Loci-Methode einfach mit einer anderen Lernmethode. Wenn du mithilfe einer Zusammenfassung lernst, kannst du das darin verpackte Wissen nach wie vor mit einem Lernort verknüpfen. Du kannst deinen Lernort auch nur für das Wissen nutzen, das du dir schlecht mit deiner primären Lernmethode merken kannst. Dadurch reduzierst du die Komplexität des Lernorts (beziehungsweise des Wegs), den du dir einprägen musst.

Die Loci-Methode sieht kein Üben des im Lernort verankerten Wissens vor. Für stark anwendungsorientierte Fächer wie Mathe oder Jura ist sie daher nur von bedingtem Nutzen. Falls du jedoch in einem solchen Fach Schwierigkeiten damit hast, dir die einzelnen Lösungsschritte für einen bestimmten Aufgabentyp zu merken, kann dir diese Methode helfen. Du kannst sie nutzen, um dir die einzelnen Schritte, die du zum Lösen dieses Aufgabentyps durchlaufen musst, in deinem Lernort zu verankern. So kann man sich beispielsweise für Jura merken, welche Merkmale vorliegen müssen, damit eine gewisse Vorschrift anwendbar ist.

VOR- UND NACHTEILE DER LOCI-METHODE

VORTEILE	NACHTEILE
→ Nützlich zum Auswendiglernen. → Bedingte Anwendbarkeit für anwendungsorientierte Fächer zum Merken von Lösungsschritten bei gewissen Aufgabentypen.	→ Die Lernmethode sieht keine Anwendung des gelernten Wissens vor. → Sie sollte daher mit einer weiteren Lernmethode verknüpft werden, um auch die Anwendung des Wissens abzudecken.

Wiederholungsmethode

WIEDERHOLUNGSMETHODE

Die Wiederholungsmethode *(Repetition Method)* zeigt bereits durch ihren Namen, worum es geht: Das Wiederholen des Lernstoffs. Ob dies durch das Durchlesen von Zusammenfassungen, wiederholtes Aufschreiben, Anschauen oder andere Arten von Wiederholungen geschieht, ist dabei egal.

Die verschiedenen Umsetzungen der Methode haben ihre eigenen Vor- und Nachteile. Daher schauen wir sie uns nun nacheinander an.

WIEDERHOLTES DURCHLESEN

Wiederholtes Durchlesen ist insbesondere in Kombination mit dem Schreiben von Zusammenfassungen naheliegend. Dabei liest du dir deine selbst verfasste Zusammenfassung immer wieder durch. Aber auch ohne eine selbst geschriebene Zusammenfassung ist diese Methode einfach umzusetzen. Wer schon mal versucht hat, sich kurz vor der Klausur noch schnell etwas beizubringen, hat wahrscheinlich probiert, sich den Stoff durch ständiges Wiederholen einzuprägen. Du kannst dir zum Beispiel das Lehrbuch durchlesen oder deine Mitschriften von den Vorlesungen. Aber wie du vielleicht bei der kurzfristigen Klausurvorbereitung ebenfalls bemerkt hast, ist diese Methode nur bedingt effektiv. Das liegt daran, dass weder das Lehrbuch noch deine Mitschriften dafür erstellt wurden, dass du direkt von ihnen lernst (außer du achtest explizit beim Mitschreiben bereits darauf, dass du gut damit lernen kannst). Somit musst du beim Durchlesen entscheiden, welche Informationen wichtig sind und welche nicht. Du verschwendest also einiges an Zeit mit unwichtigen Informationen.

Des Weiteren kann es passieren, dass du in ein roboterähnliches Lesen verfällt – du liest zwar noch, aber nimmst die Informationen nicht mehr auf. Das ist dir wahrscheinlich schon mal beim Lesen eines Buchs passiert. Nach einigen Sätzen merkst du, dass du gerade mental abwesend warst und daher wieder einige Sätze zurückspringen musst, um zu verstehen, was in der Szene gerade passiert. Bei einem solchen unaufmerksamen Lesen lernt man natürlich nicht. Ohnehin gilt reines Durchlesen als ineffektive Lernmethode, was wir bereits auf Seite 70 bei den Zusammenfassungen thematisiert haben. Du kannst die Effektivität des Durchlesens jedoch steigern, indem du es aktiv gestaltest. Beispielsweise indem du dir während des Lesens die wichtigsten Schlagwörter mit einem Textmarker markierst, um so beim nächsten Durchlesen nur noch diese anzuschauen und dann den Rest der Informationen anhand dieser Wörter eigenständig wiederzugeben. Oder du deckst manche Informationen ab und testest dich somit nach einigen Durchgängen. Damit sorgst du dafür, dass du beim Lesen tatsächlich aufmerksam bist, und setzt dich auch mit den Inhalten auseinander.

WIEDERHOLTES AUFSCHREIBEN

Bei dieser Variante geht es darum, Inhalte, die du dir noch nicht gut merken kannst, immer wieder aufzuschreiben. Fällt dir etwa das Buchstabieren einer Vokabel schwer, schreibst du diese immer wieder neu auf, bis die richtige Schreibweise sitzt.

Eine andere Art, diese Methode zu nutzen, kommt beim Durchgehen von kompletten Themenbereichen zur Anwendung. Beispielsweise schreibst du beim Wiederholen von Fakten zu einem historischen Event die wichtigsten Schlagwörter auf. Nach deiner Wiederholung der Informationen prüfst du noch mal mithilfe deiner Notizen zu dem Event, ob du dich an alle wichtigen Fakten erinnern konntest. Das Ganze kannst du so lange wiederholen, bis du die Fakten zu dem Event verinnerlicht hast. Wiederholtes Aufschreiben ist insbesondere dann hilfreich, wenn du zu den Menschen gehörst, die sich bei anderen Wiederholungsmethoden leicht ablenken lassen. Durch das Aufschreiben während des Wiederholens ist es weniger leicht, das Handy in die Hand zu nehmen und sich davon oder von anderen Dingen ablenken zu lassen.

WIEDERHOLTES ANHÖREN

Je nachdem, wie viel Lerninhalte du zu bewältigen hast, kann es einiges an Zeit kosten, das neu erworbene Wissen immer wieder aufzuschreiben. Eine Sprachnotiz ist hingegen recht schnell aufgenommen und kann sich lohnen, wenn du viel unterwegs bist und zum Beispiel durch einen langen Weg zur Schule oder Universität weniger Zeit zum Lernen hast. Dafür kannst du dir online eine Audio-Version von deinen Notizen erstellen lassen. Oder du nimmst sie selbst mit der Sprachnotiz-App deines Handys auf. Um dir online eine Audio-Version erstellen zu lassen, kannst du einfach nach »Text to speech«-Tools suchen. Diese werden typischerweise zum Erstellen von Audios für Videos verwendet, aber du kannst dir damit auch deinen ganz persönlichen Lern-Podcast erstellen. Das funktioniert allerdings nur, wenn du einen getippten Text hast. Und seien wir ehrlich: Ein online generierter Podcast klingt dann doch recht monoton. Ich finde, es lohnt sich, einige Minuten zu investieren, um die Audio-Version selbst aufzunehmen. Keine Sorge, ich nenne es hier lediglich einen Podcast, aber du brauchst für diese Methode keine Vorkenntnisse und auch kein professionelles Equipment. Es reicht, eine einfache Sprachnotiz aufzunehmen und diese dann immer wieder abzuspielen. Um deinen eigenen Lern-Podcast aufzunehmen, setzt du dich einfach mit deinen Notizen zu dem Thema hin und gehst diese dann durch, während du deine Sprachnotiz aufnimmst. Baust du dabei zusätzlich Erinnerungsstützen wie Witze ein, ist das Ergebnis wesentlich besser und weniger monoton als ein online generierter Audio-Clip. Danach kannst du beispielsweise bei einem Spaziergang oder in der Bahn auf dem Weg zur Schule deine Notizen anhören.

WIEDERHOLTES ANSCHAUEN

Nicht alle Lerninhalte lassen sich gut in eine reine Sprachnotiz verpacken, insbesondere Themen, für deren Erklärung du Grafiken, Formeln, Fotos, bewegte Bilder oder anderes visuelles Material benötigst. In solchen Fällen bietet es sich an, statt einer Sprachnotiz ein Video aufzunehmen, das du dir immer wieder anschauen kannst. Das kannst du auf deinem Handy abspeichern und überall mitnehmen. Auch für solche Videos brauchst du kein Vorwissen. Nutze einfach deine Handykamera und nimm auf, wie du verschiedene Dinge auf eine Tafel oder ein Blatt Papier zeichnest oder auf ausgedruckten Schaubildern zeigst, während du das Thema erklärst. Trotzdem kann dich das einiges an Zeit kosten. Es kann sein, dass du bei den ersten Aufnahmeversuchen immer wieder neu anfangen möchtest, weil du dich versprichst oder Ähnliches.

Zu vielen Themen gibt es bereits gute Erklärvideos auf YouTube, die du dir ebenfalls wiederholt anschauen kannst. Achte aber darauf, dass sie die Themen in der Tiefe behandeln, die du für deine Klausur brauchst. Im Gegensatz zu selbst gefilmten Videos hast du hier keinen Aufwand. Egal wie du vorgehst: Diese Wiederholungsmethode ist nützlich für Themen, die nicht ohne bildliche Hilfestellungen gut zu erklären sind.

VOR- UND NACHTEILE DER WIEDERHOLUNGSMETHODE

VORTEILE	NACHTEILE
→ Gut zum Auswendiglernen, da die Methode dabei helfen kann, sich die zu merkende Information immer wieder vor Augen zu führen.	→ Die Lernmethode sieht keine Anwendung des gelernten Wissens vor.

Erklärmethode

Mit dieser Lernmethode wirst du selbst zum Lehrer. Um etwas erklären zu können, musst du es schließlich erst einmal selbst gelernt und verstanden haben. Du überlegst dir also, wie du die Themen, die du lernen musst, jemandem beibringen würdest, der sich noch nicht damit auskennt. Du kannst beispielsweise deine Eltern, Geschwister oder Mitschüler in das Thema einführen. Wenn sich niemand in deinem Umfeld findet, versuche es auch einfach bei deinen Kuscheltieren. Oder du wirst kreativ und postest Erklärvideos online. Ich hatte auch mal einen Youtube-Kanal, auf dem ich Themen aus meinem Studium erklärt habe. Ein guter Nebeneffekt:

Dadurch hatte ich die Videos archiviert, damit ich sie mir selbst noch einmal anschauen konnte, wenn ich den Stoff wiederholen musste. Du musst diese Videos auch gar nicht öffentlich posten, wenn du das nicht möchtest.

Hast du jedoch die Möglichkeit, dein Lernthema jemandem zu erklären, der in Echtzeit darauf reagieren kann, dann nutze diese Chance unbedingt. So kann die Person dir Fragen stellen und du siehst auch an ihren Reaktionen, ob du das Thema verständlich erklärt hast.

ERKLÄRMETHODE

Um zu testen, ob du das Gelernte wirklich verstanden hast, erkläre es jemand anderem. Dafür reicht es nicht, Inhalte nur auswendig gelernt zu haben, weil du gegebenenfalls auch auf Rückfragen antworten können musst. Deswegen ist diese Methode ein guter Weg, dein Verständnis des Themas auf die Probe zu stellen.

Diese Methode ist gut für verständnisorientierte Lerninhalte, wie beispielsweise das Verstehen der Funktionen verschiedener Zellteile. Für Lerninhalte, die auswendig gelernt werden müssen, ist diese Methode jedoch nicht sinnvoll. Du würdest schließlich nicht jemandem einzelne Vokabeln »erklären«.

Diese Lernmethode lässt sich sehr gut mit anderen kombinieren, zum Beispiel mit Zusammenfassungen. Du kannst also eine Zusammenfassung schreiben, von dieser lernen und dann zur Selbstkontrolle das Thema jemand anderem erklären. Die Erklärmethode eignet sich aber auch als eigenständige Lernmethode. Achte darauf, dass du dir beim Nutzen der Erklärmethode auch Lernmaterialien erstellst, vor allem wenn der Lernstoff umfangreich ist. Sonst besteht die Gefahr, dass du das Vorgetragene wieder vergisst. Und dann musst du erneut in deinen Unterrichtsmitschriften nach den wichtigen Informationen suchen. Überlege dir also nicht nur in deinem Kopf, wie du jemandem das Thema erklären möchtest, sondern schreibe dir dazu etwas auf, erstelle eine kleine Präsentation, oder nimm deine Erklärung als Video oder als Sprachnotiz auf.

Wie effizient die Methode ist, hängt davon ab, wie aufwendig du dein Erklären gestaltest. Du kannst dich ohne jegliche Materialien einfach mit jemandem hinsetzen und das Gelernte der Person erklären, oder du kannst eine ganze Präsentation dazu erstellen. Ein möglicher Nachteil dieser Methode ist, dass man schnell ohne Lernmaterialien dasteht, auf die man später vielleicht noch mal zurückgreifen möchte. Sorge besser dafür, dass du deine Erklärung dokumentierst.

VOR- UND NACHTEILE DER ERKLÄRMETHODE

VORTEILE	NACHTEILE
→ Gut für verständnisorientierte Lerninhalte. → Kann sehr effizient gestaltet werden, da du frei darin bist, ob du Materialien (zum Beispiel eine Präsentation) erstellst, um das Thema jemandem zu erklären.	→ Nicht sinnvoll für Inhalte, die auswendig gelernt werden müssen. → Das Problem der variablen Effizienz ist jedoch, dass man schnell ohne Lernmaterialien dasteht, auf die man später vielleicht noch mal zurückgreifen möchte.

Active Recall

Active Recall bedeutet so viel wie »Aktives Abrufen«. Bei dieser Lernmethode testet man sich kontinuierlich bereits während des Lernprozesses. Und nicht erst am Schluss, wenn man der Meinung ist, dass man sich auf alle Inhalte zu einem bestimmten Thema gut vorbereitet hat. Man überprüft seinen Wissensstand immer wieder während des Lernprozesses und und löst gegebenenfalls Übungsaufgaben. Die Lernmethode basiert auf dem sogenannten *Testing Effect.*

TESTING EFFECT

Der *Testing Effect* zeigt, dass das Abrufen von Informationen aus der Erinnerung dabei helfen kann, sich länger an diese Informationen zu erinnern.[7] Der *Testing Effect* konnte auch bereits in Studien gezeigt werden. So hatten Probanden in einer Studie von 2011 beispielsweise mehr Lernerfolg als andere, wenn sie nach dem Durchlesen der Informationen so viel wie möglich wiedergeben sollten. Dieses sofortige Abrufen der Informationen bezeichnet man als *Active Recall.* Die *Active-Recall*-Probanden schnitten besser in Tests zu den gelernten Inhalten ab als Probanden, die die Inhalte nicht mit *Active Recall* lernten. Die weniger erfolgreichen Probanden lernten beispielsweise durch das einmalige oder viermalige Durchlesen der Inhalte.[8]

Du kannst *Active Recall* als eigenständige Methode nutzen oder in Kombination mit einer anderen Lernmethode. Wenn du die Methode beispielsweise mit dem Schreiben von Zusammenfassungen kombinierst, kannst du dich nach jedem

Durchgang deiner Zusammenfassung testen, indem du versuchst, so viel wie möglich von dem gerade Gelesenen wiederzugeben. Oder du stellst dir Fragen zu den einzelnen Themen oder schaust dir Altklausurfragen an und versuchst, diese zu lösen. Noch mehr zum Thema Altklausuren findest du in Unterkapitel 9 dieses Kapitels (ab Seite 100).

Wenn du *Active Recall* als eigenständige Methode verwendest, solltest du dir Lernmaterialien erstellen, die auf dem Abrufen von Informationen statt der reinen Bereitstellung von Informationen basieren. Hierfür bieten sich Karteikarten besonders gut an. Auf die eine Seite schreibst du eine Frage und auf die andere die Antwort. Wenn du diese Lernmaterialien durchgehst, versuchst du zuerst, die Frage selbst zu beantworten. Anschließend schaust du, wie gut du dich tatsächlich erinnern konntest und was bei deiner Antwort noch gefehlt hat.

Karteikarten kannst du auch digital erstellen, zum Beispiel mit der App und Webseite Anki oder Quizlet. Falls du von handgeschriebenen Karteikarten profitieren willst, bietet sich eine App wie Kyoku an. Digitale Karteikarten haben die Vorteile, dass du sie immer mitnehmen kannst und dass du gemeinsam mit anderen die Karteikarten erstellen kannst und ihr euch so Arbeit spart. Mittlerweile gibt es sogar, insbesondere bei Anki, viele Schüler und Studenten, die ihre Karteikarten zu bestimmten Themen teilen. Es kann sich daher lohnen, bei Anki erst einmal zu schauen, ob jemand das Thema bereits in Karteikarten unterteilt hat und ob diese alles abdecken, was du für deine Klausur wissen musst. Wahrscheinlich wirst du insbesondere bei standardisierten Kursen, die an allen Universitäten die gleichen Inhalte abdecken sollen, fündig. Dies ist beispielsweise in den Grundkursen mancher Studiengänge wie Jura üblich. Jedoch solltest du Karteikarten, die nicht von dir selbst erstellt wurden, immer kritisch durchschauen und prüfen, ob wirklich alle für deine Klausur relevanten Informationen vorhanden sind. Du solltest auch bedenken, dass Karteikarten von anderen Personen gewisse Themen vielleicht nicht so gut für dich erklären, wie eigene Karteikarten es tun würden.

Du kannst dir aber genauso gut auch einfach eine Zusammenfassung schreiben und dann mit einem leeren Blatt die Informationen unter deinen Überschriften abdecken. So gehst du Schritt für Schritt die Zusammenfassung durch und testest, wie viel du dir bereits von den einzelnen Themen gemerkt hast. Dies kannst du übrigens auch mit einem digitalen zweispaltigen Spreadsheet machen, indem du in eine Spalte ein aussagekräftiges Schlagwort notierst und in die nebenstehende Spalte die entsprechende Erklärung schreibst. Anschließend stellst du die Spalte mit den Erklärungen auf weißen Text um, damit du diesen nicht sehen kannst. Erst nachdem du deinen *Active Recall* zu diesem Schlagwort abgerufen hast, stellst du die Schriftfarbe wieder um. Du kannst die Spalten auch mit Farben markieren, die signalisieren, wie gut du dich an die Informationen zu dem Schlagwort erinnert hast. Zum Beispiel Grün für sehr gut, Gelb für okay und Rot für schlecht. Dadurch kannst du in deinem Spreadsheet leicht erkennen, wie viel du noch wiederholen musst und was bereits gut sitzt. Digitale Karteikarten-Apps können dir diese Arbeit abnehmen, indem sie die Karten automatisch danach sortieren, wie gut du die Informationen abrufen konntest.

VOR- UND NACHTEILE VON ACTIVE RECALL

VORTEILE	NACHTEILE
→ Kann sowohl für das Auswendiglernen als auch für das Üben von Anwendungsaufgaben genutzt werden. → Effektivität der Methode ist durch Studien zum *Testing Effect* belegt worden.	→ Schreiben von Karteikarten kann zeitintensiv sein, jedoch können z. B. digitale Karteikarten dabei helfen, den Prozess zu beschleunigen.

Leitner-System

Das Leitner-System ist eine spezielle Anwendungsform der *Active-Recall*-Methode. Das System gibt dir eine Struktur vor, anhand welcher du entscheiden kannst, welche Themen du wie oft durch *Active Recall* wiederholen musst. Als Lernmaterialien dienen wiederum Karteikarten und drei Karteikarten-Boxen, in die die Karten je nach Lernerfolg einsortiert werden.

Das Leitner-System sieht vor, dass all deine Karteikarten vor dem ersten Lernen in Box 1 landen. Wenn du eine Frage richtig beantwortest, wandert die Karte in Box 2. Die Karten in Box 2 wiederholst du weniger häufig als die in Box 1. Wenn du eine Karte in Box 2 richtig beantwortest, wandert sie in Box 3. Die Karten darin werden noch seltener wiederholt, da du sie bereits zweimal richtig beantwortet hast und den Inhalt somit bereits kennst. Wenn du eine Karte aus den Boxen mit höheren Zahlen als 1 falsch beantwortest, steigt die Karte um eine Box ab und landet somit in einer Box für mehrfaches Wiederholen. Wie selten oder oft du die Inhalte der Karten in den einzelnen Boxen übst, kannst du selbst festlegen. Es bietet sich beispielsweise an, Box 1 täglich zu wiederholen, Box 2 jeden zweiten Tag und Box 3 einmal die Woche. Es ergibt sich dann folgendes System[9]:

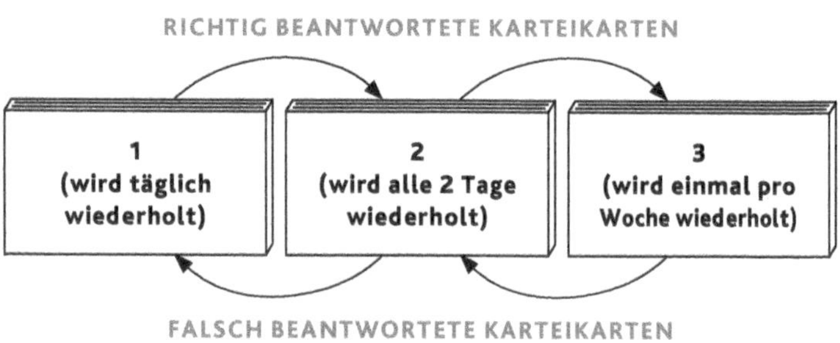

Wenn es für dich leichter ist, kannst du auch feste Tage für Wiederholungen bestimmen. So kannst du Box 1 beispielsweise täglich wiederholen, Box 2 dienstags, donnerstags und samstags und Box 3 sonntags.

LEITNER-SYSTEM

Das Leitner-System gibt dir einen Algorithmus für das Wiederholen von zu lernenden Inhalten vor. Je nachdem, wie gut du den Inhalt bereits kannst, wird er in eine von drei Boxen sortiert. Je schlechter du den Inhalt verinnerlicht hast, desto öfter wird er wiederholt. Dadurch gibst du den Wiederholungen während deines Lernprozesses eine Struktur, ohne selbst eine Liste führen und im Blick haben zu müssen, wie gut du die einzelnen Themen schon kannst.

Die Loci-Methode bietet sich auch für die Kombination mit dem Leitner-System an. Wenn einige Karten Box 1 einfach nicht verlassen, weil dir das Merken ihrer Inhalte schwerfällt, kannst du für diese Karten einen Lernort in deinem Kopf einrichten. So kannst du dann auch die Inhalte in der ersten Box leicht in einer Prüfung abrufen.

VOR- UND NACHTEILE DES LEITNER-SYSTEMS

VORTEILE	NACHTEILE
→ Insbesondere hilfreich für das Auswendiglernen von Inhalten. → Mithilfe von Apps wie Anki und Quizlet kannst du die Zeit reduzieren, die du für das händische Schreiben von Karteikarten gebraucht hättest. → Für manche Fächer gibt es auch vorgedruckte Karteikarten – aber Vorsicht: Manchmal erklären diese Themen nicht so gut verständlich für dich, wie du selbst es kannst, und dann kann das Lernen mit diesen Karten ineffizient sein.	→ Die Lernmethode sieht keine Anwendung des gelernten Wissens vor. → Viele einzelne Karteikarten von Hand zu schreiben kann sehr aufwendig sein und lange dauern.

Pomodoro-Technik

Die Pomodoro-Technik ist weniger eine Lernmethode als eine Zeitmanagement-Methode fürs Lernen. Falls es dir schwerfällt, dich über eine längere Zeit zu konzentrieren, und du beim Lernen immer wieder mal abdriftest, wird dir diese Methode vielleicht helfen. Die Pomodoro-Technik sieht vor, dass man ungestört für 25 Minuten lernt. Wenn dein Timer nach 25 Minuten klingelt, gönnst du dir eine fünfminütige Pause.

Dann geht es mit dem nächsten 25-minütigen Lernslot (ein »Pomodoro«) weiter. Auch nach diesem gibt es wieder eine kurze Pause. Nach vier Pomodoros gönnst du dir eine längere Pause von 15 bis 30 Minuten. Danach geht es wieder von vorne los.[10]

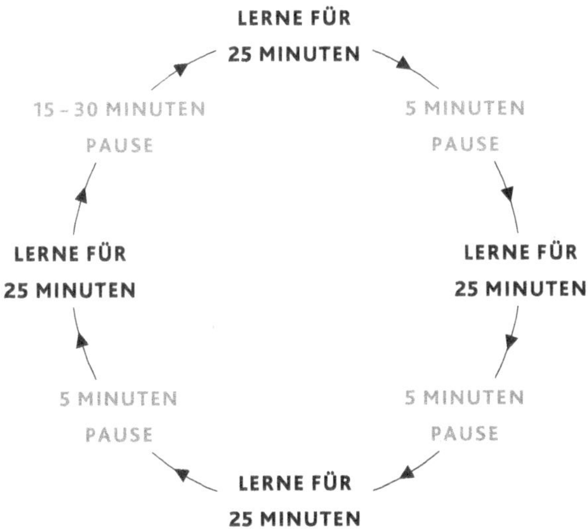

Wichtig ist, dass du die relativ kurzen Lerneinheiten ohne Störung nutzt. In dieser Zeit lässt du dich nicht ablenken, sondern konzentrierst dich voll und ganz auf den Stoff. Erst in der Pause kannst du beispielsweise wieder am Handy scrollen. Falls es dir schwerfällt, dich nicht von deinem Handy ablenken zu lassen, nutze eine App wie Forest, damit du nicht »mal eben« in Social-Media-Apps gehst. Noch einfacher: Du legst dein Handy einfach in ein anderes Zimmer oder in eine Schublade, damit du es nicht siehst, wenn du Push-Benachrichtigungen bekommst, und dadurch nicht abgelenkt wirst. Falls du geräuschempfindlich bist, kannst du auch Noise-Cancelling-Kopfhörer ausprobieren.

POMODORO-TECHNIK

Die Pomodoro-Technik ist eine Zeitmanagement-Methode zum Lernen. Du lernst jeweils 25 Minuten am Stück und machst danach eine fünfminütige Pause. Nach vier Lernslots machst du eine längere Pause. Diese Zeiteinteilung kann dir dabei helfen, durch regelmäßige Pausen deinen Fokus auch über einen langen Lerntag hinweg nicht zu verlieren.

Die Technik kannst du für alle Lerninhalte anwenden und auch mit allen hier genannten anderen Lernmethoden kombinieren. Du kannst sie auch auf deine individuellen Lernbedürfnisse anpassen. Fällt es dir zum Beispiel schwer, zurück ins Lernen zu kommen, wenn du eine kurze Pause gemacht hast? Dann versuche, die Lernintervalle zu verlängern, um mehr Lernzeit ohne Unterbrechung zu haben. Du kannst dann gegebenenfalls auch die Pausenzeit etwas verlängern. Um herauszufinden, wie lang du deine Intervalle machen solltest, empfehle ich dir, dich selbst einmal beim Lernen ohne Timer zu beobachten. Wie lange arbeitest du konzentriert - und wann hört es auf? Manchen macht es nichts aus, ohne Unterbrechung mehrere Stunden am Schreibtisch zu sitzen, und für andere ist eine Pause nach spätestens 30 Minuten ein Muss. Wenn du dich beim Lernen einmal selbst beobachtest, stellst du recht leicht fest, wie lange du problemlos konzentriert am Stück arbeiten kannst. Und wenn du dir danach eine Pause gönnst, wirst du merken, wie lange es braucht, bis du dich wieder mental fit genug fürs konzentrierte Lernen fühlst. Dementsprechend kannst du deine Lernzeit anpassen.

Ich habe die Pomodoro-Technik beispielsweise so genutzt: Ich arbeite typischerweise in Zeitblöcken von zwei Stunden, weil ich mich recht gut so lange am Stück konzentrieren kann. Nach einem Zeitblock mache ich zehn Minuten Pause und nach zwei Zeitblöcken eine größere Pause (meistens 40 bis 60 Minuten). Das ist weit entfernt von dem, was typischerweise unter der Pomodoro-Technik verstanden wird, aber es ist das, was für mich persönlich am besten funktioniert. Probiere die Pomodoro-Technik einfach selbst aus und habe keine Angst, sie auf deine Bedürfnisse abzuändern.

Die Pomodoro-Technik kannst du übrigens nicht nur beim eigentlichen Lernen verwenden, sondern auch beispielsweise beim Erledigen von Hausaufgaben. Hierbei solltest du lediglich darauf achten, dass du dir vor dem ersten Pomodoro eine Liste mit allen To-dos schreibst, damit du die kurzen Arbeitsintervalle auch tatsächlich komplett ausnutzt und nicht in den 25 Minuten erst einmal nachschauen musst, was zu erledigen ist. Das unterbricht den Arbeitsflow und raubt dir etwas von der begrenzten Zeit fürs Arbeiten.

VOR- UND NACHTEILE DER POMODORO-TECHNIK

VORTEILE	NACHTEILE
→ Kompatibel mit anderen Lernmethoden und nützlich beim Auswendiglernen und beim anwendungsorientierten Lernen. → Der Umfang eines Lernslots kann auf deine individuellen Bedürfnisse angepasst werden.	→ Viele Pausen nach recht kurzen Lernintervallen können für manche störend wirken. → Du solltest trotzdem auch üben, dich über längere Zeit am Stück zu konzentrieren, da Klausuren normalerweise länger dauern als die Lernslots dieser Methode.

Altklausuren und Co.

Der Name dieser Methode ist relativ selbsterklärend: Du lernst, indem du die Aufgaben von Altklausuren oder ähnlichen bereits existierenden Aufgaben löst. Du kannst diese anschließend selbst korrigieren und sehen, wo deine Stärken und Schwächen liegen. Darauf basierend kannst du weiter üben, bis alle Aspekte des Themas sitzen.

Um die Aufgaben einer Altklausur selbst korrigieren zu können, brauchst du sicherheitshalber einen Lösungsschlüssel. Besonders in der Universität ist es üblich, dass Altklausuren entweder von den Professoren bereitgestellt werden oder man Studenten in höheren Semestern danach fragen kann. In der Schule ist so etwas weniger üblich, aber es gibt auch noch andere Übungsoptionen. Manche Lehrbücher enthalten Übungsaufgaben, zu denen auch der Lösungsschlüssel abgedruckt ist, insbesondere in Mathebüchern. Zu vielen Schulbüchern gibt es auch Begleitbücher - so kann man sich beispielsweise zum Mathebuch passend ein Arbeitsheft mit Aufgaben und vielleicht sogar ein Trainingsbuch für Klausuren kaufen oder in der Bibliothek ausleihen. Dazu gibt es normalerweise immer einen Lösungsschlüssel. Und du bekommst eine Vorstellung davon, wie welche Aufgabenarten gewichtet werden könnten. Dadurch kannst du besser einschätzen, welche Themen dich viele Punkte in einer Klausur kosten könnten. Oder du wendest dich an deinen Lehrer oder Dozenten und fragst direkt nach weiteren Übungsaufgaben zur Klausurvorbereitung.

ALTKLAUSUREN UND CO.

Um zu üben, wie du dein gelerntes Wissen in der Prüfung anwenden wirst, kannst du mit Altklausuren oder klausurähnlichen Übungsaufgaben lernen. Dies hilft dir auch dabei, dein Zeitmanagement für die tatsächliche Prüfung zu trainieren. Je präziser der Bewertungsbogen für eine Altklausur, desto leichter ist es für dich zu bewerten, wie gut du die Aufgaben bearbeitet hast.

In stark anwendungsorientierten Fächern wie Mathe und manchen Naturwissenschaften ist diese Lernmethode empfehlenswert, weil du mit ihr testest, ob du dein Wissen tatsächlich in verschiedenen Aufgaben anwenden kannst. Eine reine Zusammenfassung des Lernstoffs ohne Anwendungsvermögen ist in diesen Fächern nicht wirklich von Nutzen. Reines Auswendiglernen reicht natürlich auch nicht in Fächern wie beispielsweise Geschichte aus. Aber das Auswendiglernen spielt dort eine größere Rolle. Für eine sehr gute Leistung musst du aber auch in diesen Fächern mehr tun. Man muss beispielsweise für verschiedene Ansichten argumentieren und Bezüge zwischen verschiedenen Geschehnissen herstellen können.

Solche Anwendungsfälle sind wesentlich schwerer selbst zu üben als die Anwendung von mathematischem Wissen für eine Matheklausur. Warum? In Mathe gibt es richtige und falsche Antworten, welche klar definiert sind. Der Weg zur Lösung kann vom Lehrbuch vorgegeben werden, da es klare Regeln gibt, die zeigen, wie du eine Aufgabe anzugehen hast. In Geisteswissenschaften ist das nicht so stark ausgeprägt. Oft sind die Fragen offen gehalten, und zwei Aufsätze, die gegensätzliche Schlussfolgerungen ziehen, können beide mit einem »Sehr gut« bewertet werden, wenn die Argumentation schlüssig ist. Es ist daher schwerer, für diese Fächer anhand von Altklausuren oder Ähnlichem zu üben. Es gibt schließlich keinen eindeutigen Lösungsschlüssel. Das bedeutet aber nicht, dass Altklausuren in diesen Fächern überhaupt nicht von Nutzen sind. Einerseits kann das reine Durchschauen, selbst ohne Lösungsschlüssel, dir ein Gefühl dafür geben, was dich in deiner Klausur erwarten wird und auf welche Arten von Fragen du dich einstellen solltest. Andererseits können Altklausuren von anderen Schülern oder Studenten dir dabei helfen, die oft vagen Lösungsschlüssel für geisteswissenschaftliche Klausuren in ihrer Anwendung zu verstehen. Anhand von alten, bereits korrigierten Klausuren siehst du, welche Lösungsansätze positiv bewertet wurden und wo Probleme gesehen wurden. Dieses Feedback kannst du nutzen, um deine eigenen Antworten zu verbessern. Manche Lehrer und Dozenten teilen korrigierte Klausuren in anonymisierter Form. Alternativ kannst du auch Personen, die die Klausur schon hinter sich haben, fragen, ob du dir ihre Klausur anschauen darfst.

Manche Universitäten stellen auch Klausurberichte für die Studierenden zur Verfügung. Sie informieren dich über die häufigsten Fehler in einer Klausur, was im Schnitt auffällig gut oder auffällig schlecht beantwortet wurde und warum die Bewertung so ausfiel. Auch das kann dir ein Gefühl für die Bewertung der Klausuren geben.

Wenn du den Klausurtyp kennst, also zum Beispiel weißt, dass du aus drei Aufsatzfragen eine auswählen wirst, kannst du dir sogar schon vor der Klausur einen Zeitplan machen.

Anhand der Altklausuren kannst du einschätzen, wie viel Zeit du für das Auswählen der Frage, das Brainstorming und das Schreiben einer groben Gliederung – und schließlich für das Schreiben des Aufsatzes und das Korrekturlesen brauchst. Für all diese Arbeitsschritte legst du für dich eine maximale Zeit fest und hast somit schon einen Plan, wie du in der Klausur vorgehen wirst. Allein das wird dir bereits etwas Ruhe in der tatsächlichen Prüfung verschaffen. Die genauen Fragen werden zwar nicht die gleichen sein, aber du bist mit der Prüfungsart vertraut und daher wahrscheinlich weniger nervös. Stelle in diesem Fall sicher, dass du in der Prüfung eine Uhr haben wirst, um die Zeit im Auge behalten zu können. Du kannst beispielsweise einfach deine Armbanduhr auf den Tisch legen. Hierbei solltest du allerdings darauf achten, dass du eine Uhr trägst, die du auch in der Prüfung benutzen darfst – das ist bei Smartwatches typischerweise nicht der Fall.

Als Vorbereitung auf sehr lange Klausuren kann es sich lohnen, diese zu üben, insbesondere wenn du sie von Hand schreiben musst. Es kann dir in diesen Klausuren nur helfen, wenn du dich schon daran gewöhnt hast, so lange Zeit fokussiert zu bleiben. Um auch effizient mit Altklausuren lernen zu können, die auf eine lange Bearbeitungszeit ausgelegt sind, kannst du beispielsweise anstatt kompletter Aufsätze nur Stichpunkte schreiben. Auch daran wirst du sehen können, ob du die Aufgabe gut beantworten kannst, und sparst dir dabei die Zeit des Ausformulierens. Genauso kannst du dir die Klausuren auch in unterschiedliche Teile aufteilen und bearbeitest somit nicht eine komplette Klausur als Ganzes, sondern einzelne Teile zu unterschiedlichen Zeiten.

Je nach Fach und Lehrer oder Dozent ist es auch möglich, dass die Punkteverteilung in der Klausur angibt, wie viel Zeit du mit einer Aufgabe verbringen solltest. Dauert eine Klausur zum Beispiel 100 Minuten und es sind insgesamt 100 Punkte zu erreichen, so entspricht jeder Punkt einer Minute. Bearbeitest du also zum Beispiel eine Aufgabe, die 16 Punkte wert ist, solltest du 16 Minuten damit verbringen. Ob dieses Prinzip für deine bestimmte Klausur gilt, solltest du im Voraus in Erfahrung bringen. Typischerweise gilt so etwas nicht für Prüfungen, die nur aus einem Aufsatz oder Ähnlichem bestehen. Aber wenn eine Klausur aus vielen kleineren Aufgaben besteht, gilt das beschriebene Prinzip. Selbst wenn der Klausursteller es nicht so geplant hat, kannst du dich trotzdem während dem Schreiben deiner Klausur immer wieder an den Punkten pro Aufgabe orientieren. Du möchtest schließlich nicht zu viel Zeit mit einer Aufgabe verschwenden, die dir nachher nur wenige Punkte bringen wird.

VOR- UND NACHTEILE VON ALTKLAUSUREN

VORTEILE	NACHTEILE
→ Sehr gut zum Üben der Anwendung deines Wissens. → Gibt dir ein Gefühl dafür, wie die Klausur ablaufen wird, und kann somit auch für dein Zeitmanagement während der Prüfung hilfreich sein.	→ Je nach Fach kann das Lernen mit Altklausuren zeitaufwendig sein.

Passives Lernen

Auch beim Anschauen deiner Lieblingsserie oder beim Lesen eines Fantasyromans kannst du lernen. Das klingt zu gut, um wahr zu sein? Aber es stimmt tatsächlich. Das Schauen von Serien und anderen Inhalten kann dir beim Hörverstehen und beim Üben der Aussprache von Vokabeln in Fremdsprachen helfen. Lesen bringt dir einiges im Hinblick auf den schriftlichen Ausdruck in einer Fremdsprache. Das passive Lernen ist also insbesondere für das Lernen von Fremdsprachen geeignet. Zum Ende dieses Abschnitts thematisiere ich noch, in welchen Fächern es zusätzlich helfen kann. Aber schauen wir uns nun die verschiedenen Möglichkeiten von passivem Lernen genauer an.

PASSIVES LERNEN

Passives Lernen bezeichnet eine langfristige Lernmethode, die darauf setzt, dass du Informationen aus Medien wie Serien, Filmen oder Büchern lernst, während du diese konsumierst. Dies eignet sich insbesondere für Fremdsprachen, weil du dir beispielsweise aus dem Kontext eines Seriendialogs neue Vokabeln erschließen kannst. Diese Lernmethode funktioniert jedoch nur über eine lange Zeit und nur für vereinzelte Arten von Lerninhalten.

SCHAUEN VON SERIEN, FILMEN ETC.

Du kannst deine Lieblingsserie, soweit verfügbar, auf Englisch oder in einer anderen Fremdsprache ansehen. Ich habe früher »The Vampire Diaries« in der Originalversion auf Englisch geschaut. Und wie hilft das jetzt beim Lernen? Wenn

Englisch eine Fremdsprache für dich ist, lernst du durch das Schauen der Serie neue Wörter und ihre richtige Aussprache. Und du kannst eine natürliche Ausdrucksweise von den Dialogen in der Serie lernen, da diese oft lockere Alltagsszenen enthalten. Aber Vorsicht: Das funktioniert natürlich nur mit Serien, die auch in der heutigen Zeit spielen. Wenn du zum Englischlernen »Downton Abbey« schaust, wirst du dich eher wie jemand aus dem frühen 20. Jahrhundert anhören. Du kannst eine Serie auch mit Untertiteln schauen, damit du siehst, wie neue Wörter geschrieben werden. Die Bedeutung der neuen Wörter kannst du dir meistens aus dem Kontext erschließen, und so erweiterst du dein Vokabular eine Folge nach der anderen. Das Schauen von fremdsprachigen Serien (oder auch Filmen) ist vor allem nützlich für das Hörverstehen und das Üben des Sprechens von Fremdsprachen. Und das Tolle ist, dass sich das Ganze nicht wie Lernen anfühlt. Du kannst anstatt von Serien und Filmen natürlich auch Videos in den sozialen Medien in einer Fremdsprache anschauen, etwa auf Youtube oder TikTok, oder dir Podcasts anhören. Aber aufgepasst: Manchmal nutzen die Leute dort Ausdrucksweisen, die im Internet zwar gängig sind, aber auch nur in diesem Kontext verwendet werden.

Leider reicht das Schauen von Serien und Filmen in einer Fremdsprache nicht aus, um eine Sprache richtig zu lernen. Du schnappst ein bisschen etwas auf, musst diese Lernmethode aber mit einer oder mehreren anderen ergänzen. Wenn du schon mal einen Film in einer dir unbekannten Sprache mit deutschen Untertiteln angesehen hast, wirst du das vermutlich recht schnell bemerkt haben. Du kanntest am Ende des Films vermutlich die Bedeutung einiger der meistgenutzten Wörter im Skript, aber selbstständig eigene Sätze zu bilden erfordert ein wesentlich größeres Sprachverständnis. Denn dir fehlt immer noch das grammatikalische Wissen. Diese Lernmethode ist nicht eigenständig nutzbar, sondern nur eine Ergänzung beim Lernen einer Fremdsprache.

Wenn du aber schon beim Lernen einer Fremdsprache bist, dann kann sie dir helfen, deine gelernten Vokabeln in deinem Kopf zu festigen, da du sie mit dem Schauen einer Serie passiv wiederholst. Und du lernst auch neue Vokabeln und tauchst durch das Anhören der Seriendialoge tiefer in die Sprache ein als durch ein bloßes Lernen am Schreibtisch.

AUSLANDSSEMESTER UND AUSTAUSCHPROGRAMME

Eine noch wesentlich interaktivere Version dieser Lernmethode ist ein Auslandssemester beziehungsweise ein Schüleraustausch in einem Land, in dem die Fremdsprache gesprochen wird. Das Sprechen einer Fremdsprache im Alltag mag anfangs befremdlich und schwierig sein. Denn erst vor Ort merkt man richtig, wie viele Wörter einem doch noch fehlen. Aber ich kann aus Erfahrung sagen, dass man dadurch innerhalb kurzer Zeit eine relativ steile Lernkurve erlebt. Ist man gezwungen, ständig die Fremdsprache zu verwenden, lernt man sie auch recht schnell. Ich bin selbst mit 16 Jahren für zwei Jahre an ein englischsprachiges Internat gegangen. Am Anfang fiel es mir ziemlich schwer, mich richtig auszudrücken, da mir viele Vokabeln fehlten. Aber nach dem ersten Jahr habe ich fließend Englisch gesprochen.

Ein Auslandsaufenthalt kann natürlich sehr kostspielig sein und ist daher nicht für jeden eine Option. Ich kam damals auch nur über das Stipendienprogramm der deutschen Stiftung United World Colleges an ein englischsprachiges Internat. Ohne

Stipendium wäre dies für meine Familie finanziell nicht darstellbar gewesen. Weitere Stipendienangebote kannst du beispielsweise online auf der Plattform *myStipendium.de* finden. Ein Auslandsjahr oder -semester ist nicht nur finanziell, sondern häufig auch emotional eine große Belastung. Und es erfordert einen hohen organisatorischen Aufwand. Überlege dir daher gut, ob es das Richtige für dich ist, und informiere dich im Vorfeld detailliert über das Austauschprogramm und das Land.

LESEN

Fremdsprachige Bücher zu lesen hilft dir ebenfalls, dich in der Sprache zu verbessern. Im Gegensatz zum Schauen von Serien ist das Lesen allerdings eher hilfreich für deinen schriftlichen Ausdruck als für das Hören und Sprechen. Du prägst dir Formulierungen ein, lernst Vokabeln und siehst, wie grammatikalische Regeln angewendet werden. Je mehr du in der Sprache liest, desto natürlicher werden die Satzbildungen für dich, und dadurch fällt es dir auch leichter, dich selbst in dieser Sprache auszudrücken.

Wenn du noch nicht so weit in einer Sprache bist, dass du dir das Lesen eines normalen Buchs in der Sprache zutraust, dann lies Bücher, die speziell für Sprachenlerner konzipiert sind. Reclam-Bücher in Rot sind beispielsweise gut zum Lernen von Fremdsprachen. Auf den Büchern wird angegeben, welches Sprachniveau du haben musst, um den Text verstehen zu können. Meist gibt es Fußnoten, in denen schwierige Vokabeln erklärt werden. Falls dir die Buchstaben und Zahlen, die das Sprachniveau angeben, nichts sagen, folgt hier einmal die Bedeutung der verschiedenen Niveaus[11]:

GRUNDLEGENDE NIVEAUSTUFE	UNTER-STUFE	BEDEUTUNG DER UNTERSTUFE
A: Elementare Sprachverwendung	A1	Anfänger: Du kannst alltägliche Begriffe und leichte Sätze in der Sprache verstehen. Du kannst dich zum Beispiel in der Sprache vorstellen.
	A2	Grundlegende Kenntnisse: Du kannst dich in einfachen, gewöhnlichen Situationen verständigen, zu Themen wie deinem Bildungsweg oder deiner Umgebung.
B: Selbstständige Sprachverwendung	B1	Fortgeschrittene Sprachverwendung: Du verstehst die wichtigsten Punkte von Gesprächen in einer dialektfreien Standardsprache und bewältigst Alltagssituationen wie etwa auf einer Reise. Du kannst auch, bei dir vertrauten Themen, Inhalte ausführen und nicht nur benennen.
	B2	Selbstständige Sprachverwendung: Eine Unterhaltung mit einem Muttersprachler ist für dich gut machbar, und du kannst dich über eine Vielzahl von Themen unterhalten. Zusätzlich verstehst du auch komplexere Textinhalte.

GRUNDLEGENDE NIVEAUSTUFE	UNTER-STUFE	BEDEUTUNG DER UNTERSTUFE
C: Kompetente Sprachverwendung	C1	Fachkundige Sprachkenntnisse: Deine Sprachkenntnisse reichen aus, um damit im Studium oder im beruflichen Kontext als Hauptsprache arbeiten zu können. Du kannst in komplexen Texten auch die unterliegende Bedeutung begreifen.
	C2	Annähernd muttersprachliche Kenntnisse: Du beherrschst die Sprache so gut, dass du dich auf einem Sprachniveau eines Muttersprachlers problemlos verständigen und auch komplexe Sachverhalte diskutieren kannst.

An dieser Tabelle kannst du dich orientieren, wenn du entscheidest, welches Buch zu deinen Sprachkenntnissen passt. Du kannst aber natürlich auch Bücher lesen, die nicht speziell für Sprachlerner aufbereitet wurden. Ab dem Level B2 kann man sich meiner Erfahrung nach beispielsweise an vielen gängigen Young-Adult-Fantasy-Büchern versuchen. Und je mehr Bücher man gelesen hat, desto flüssiger wird der Prozess.

Leider hat diese Version der Lernmethode des passiven Lernens die gleiche Beschränkung wie das Schauen von Serien: Sich ausschließlich auf diese Methode zu stützen reicht nicht aus, um eine Fremdsprache gut zu lernen. Keine dieser Methoden ist wirklich effizient, denn sowohl das Schauen von Serien und Filmen als auch das Lesen von Büchern beanspruchت Zeit. Aber du würdest sowieso deine Lieblingsserie schauen oder das Buch, das dich interessiert, lesen. Du musst dich also nicht zum Lernen aufraffen, sondern machst etwas, das dir Spaß macht, und hast trotzdem einen tollen Lerneffekt.

PASSIVES LERNEN JENSEITS VON FREMDSPRACHEN

Bis jetzt haben wir uns diese Lernmethode nur im Kontext von Fremdsprachen angeschaut. Das ist der häufigste Anwendungsfall für das passive Lernen. Aber kann man passives Lernen auch für andere Lerninhalte anwenden? Ja, aber es hängt davon ab, ob du gutes Material (also zum Beispiel einen Film oder ein Buch) zum passiven Lernen findest. Wenn du beispielsweise im Politikunterricht über ein bestimmtes Event etwas lernen sollst, kannst du dir auch eine Dokumentation darüber anschauen oder in eine Ausstellung dazu gehen. Das Schöne an dieser Lernmethode für Fremdsprachen ist, dass du dir eine Serie oder ein Buch mit einem Thema deiner Wahl aussuchen kannst, wodurch es sich weniger aufgezwungen anfühlt.

Aber wenn du dein Lernen so gestalten möchtest, dass du auch hin und wieder vom Schreibtisch wegkommst, dann kannst du diese Lernmethode in Kombination mit anderen anwenden. Statt eines Auslandssemesters oder Austauschprogramms kannst du dir auch einen Praktikumsplatz, Nebenjob oder Sommerjob in einem bestimmten Fachgebiet suchen. Ist es dein Ziel, mehr über gewisse Tierarten zu lernen, bietet sich ein Praktikum im Zoo an. Für politische Themen ist eine Tätigkeit als ehrenamtlicher Mitarbeiter bei einer NGO sinnvoll - auch für Schüler. Wenn du durch diese Arbeit siehst, welche Relevanz dein erlerntes Wissen im echten Leben hat, ist das ganz häufig auch ein Motivationsschub zum Weiterlernen mit anderen Lernmethoden. Denn du erkennst, wie du mit deinem Wissen etwas bewegen kannst!

VOR- UND NACHTEILE VON PASSIVEM LERNEN

VORTEILE	NACHTEILE
→ Fühlt sich nicht wie Lernen an und macht mehr Spaß als »traditionelles« Lernen. → Hilft dabei, Fremdsprachen im natürlichen, alltäglichen Umfeld anzuwenden – das kann oft nicht von den Lehrbüchern und dem Schulunterricht allein abgedeckt werden.	→ Keine kurzfristige Lernmethode, die bei der Vorbereitung auf eine konkrete Prüfung in einem vorgegebenen zeitlichen Rahmen hilft. → Kann nicht als einzige Lernmethode eingesetzt werden, weil du dabei beispielsweise keine grammatikalischen Regeln lernst.

WORUM ES IN DIESEM KAPITEL GING:

- → Für jedes Lernziel gibt es eine passende Lernmethode.
- → Einige Lernmethoden kann man gut miteinander kombinieren, um sie auf die eigenen Bedürfnisse anzupassen.
- → S. 113 zeigt eine Übersicht aller Lernmethoden in Form eines Flussdiagramms. So findest du schnell heraus, welche Lernmethode sich wofür am besten eignet.
- → Die Promodoro-Methode ist eine übergeordnete Lern- und Organisationsmethode und kommt daher nicht im Diagramm (siehe S. 113) vor.
- → Traue dich, auch mal neue Lernmethoden auszuprobieren!

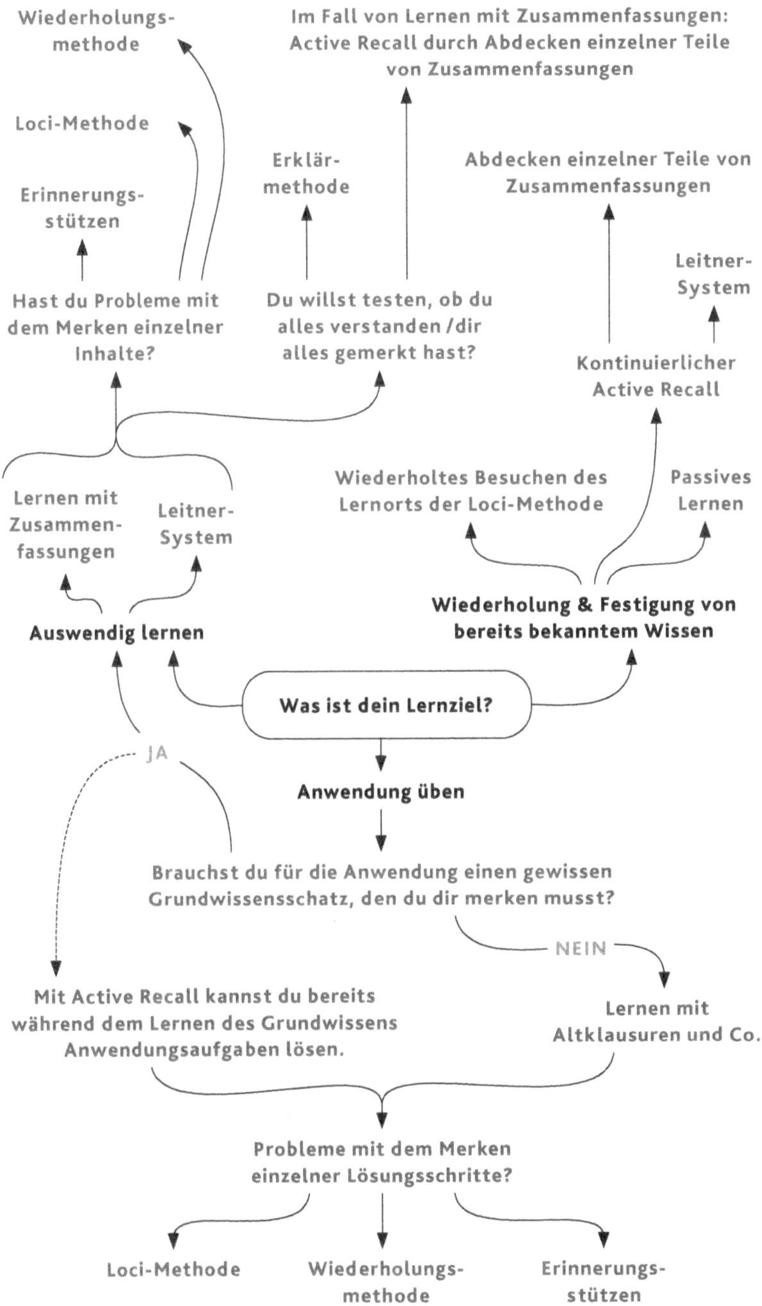
Wiederholungs-methode
Im Fall von Lernen mit Zusammenfassungen: Active Recall durch Abdecken einzelner Teile von Zusammenfassungen
Loci-Methode
Erklär-methode
Abdecken einzelner Teile von Zusammenfassungen
Erinnerungs-stützen
Leitner-System
Hast du Probleme mit dem Merken einzelner Inhalte?
Du willst testen, ob du alles verstanden /dir alles gemerkt hast?
Kontinuierlicher Active Recall
Lernen mit Zusammen-fassungen
Leitner-System
Wiederholtes Besuchen des Lernorts der Loci-Methode
Passives Lernen
Auswendig lernen
Wiederholung & Festigung von bereits bekanntem Wissen
Was ist dein Lernziel?
JA
Anwendung üben
Brauchst du für die Anwendung einen gewissen Grundwissensschatz, den du dir merken musst?
NEIN
Mit Active Recall kannst du bereits während dem Lernen des Grundwissens Anwendungsaufgaben lösen.
Lernen mit Altklausuren und Co.
Probleme mit dem Merken einzelner Lösungsschritte?
Loci-Methode
Wiederholungs-methode
Erinnerungs-stützen

4

Klausurvorbereitung

Nachdem wir uns im vorigen Kapitel Lernmethoden angeschaut haben, beschäftigen wir uns nun mit der Vorbereitung für verschiedene Prüfungsformate. In diesem Kapitel und den folgenden werden wir uns daher mit den gängigsten Prüfungsarten (Klausuren, wissenschaftliche Arbeiten und Präsentationen) auseinandersetzen. Wir gehen nicht mehr auf einzelne Lernmethoden ein, sondern fokussieren uns darauf, was bei bestimmten Prüfungsarten zu beachten ist. Du kannst die Tipps in diesen Kapiteln anwenden, unabhängig davon, welche Lernmethode(n) aus dem letzten Kapitel du dir für deine Vorbereitung ausgesucht hast.

Die erste Prüfungsart, die wir uns anschauen, ist die Klausur. Was zur längerfristigen Vorbereitung gehört, haben wir bereits in Kapitel 2 behandelt: ein gutes Organisationssystem, aktives Mitarbeiten im Unterricht und gute, nachbereitete Mitschriften. All das findet vor den Dingen statt, um die es jetzt geht. Hier kommen wir nun zu dem Zeitpunkt, an dem du deine Lernmethode(n) auspackst und richtig einsetzt. Das bedeutet etwa, dass du deine Lernmethode im Rahmen eines realistischen Zeitplans anwendest. Deine Methode kann noch so gut sein – wenn du dir nicht genug Zeit fürs Lernen nimmst, kannst du dir trotzdem nicht alle wichtigen Informationen merken. Schauen wir uns daher nun an, wie du dich gut auf eine Klausur vorbereitest.

Der Lehrplan ist dein bester Freund

Der Vorteil einer Klausur gegenüber dem Schreiben von wissenschaftlichen Arbeiten ist, dass der Inhalt vorgegeben wird. Du musst nicht selbst recherchieren, was für dein Thema von Relevanz ist. Die Liste an Lerninhalten kann natürlich trotzdem lang sein, aber zumindest musst du keine Angst haben, dass du wichtige Informationen außer Acht lässt.

Wie aber kommst du an die Auflistung der Klausurinhalte? Falls nur einige der im Kurs behandelten Themen klausurrelevant sind, wird das in der Regel von deinem Dozenten beziehungsweise Lehrer kommuniziert. Die Unterthemen stehen normalerweise im Lehrplan. In der Universität ist es üblich, dass du den Lehrplan für den gesamten Kurs gleich am Anfang bekommst. In der Schule werden vor der Oberstufe die Themen meistens einfach nacheinander abgearbeitet, und du kannst anhand der Unterrichtsmitschriften nachvollziehen, welche Themen behandelt wurden. Das ist aber auch kein Problem, denn im Gegensatz zur Universität gibt es in diesen Klassen noch nicht die Erwartung, dass du dir einen Teil des Lerninhalts ohne Anweisung durch den Lehrer selbst erarbeitest. In der Schule gehören meistens nur die Themen zum Klausurinhalt, welche im Unterricht und in den Hausaufgaben behandelt wurden.

In der Oberstufe lohnt sich ein Blick auf den Lehrplan (auch Bildungsplan genannt). Falls dein Lehrer diesen nicht direkt austeilt, kannst du ihn auch online einsehen. Suche einfach nach »Bildungsplan [dein Bundesland] [Klassenstufe]«. Vom Land Baden-Württemberg kannst du die Bildungspläne beispielsweise auf der Webseite *www.bildungsplaene-bw.de* abrufen. Warum ist der Lehrplan hier wichtiger als in den unteren Klassenstufen? Im Gegensatz zu Klausuren vor der Oberstufe erwarten dich hier am Ende standardisierte Klausuren. Deren Inhalt legt nicht dein Lehrer fest, und es wird auch nicht darauf Rücksicht genommen, ob ihr einen Teil des Lernstoffs vielleicht nicht behandelt habt. Entscheidend ist: Alles, was im Lehrplan vorgesehen ist, kann auch abgefragt werden. Möglicherweise bemerkst du beim Durchschauen des Lehrplans, dass du dir noch etwas selbst erarbeiten musst. In der Regel weisen in der Schule die Lehrer auf so etwas noch mal hin. Oft teilen die Lehrer den Schülern mit, welche Seiten sie dafür im Lehrbuch lesen müssen, und geben ihnen auch noch Arbeitsblätter und andere Vorbereitungsmaterialien.

Von Studenten wird hingegen erwartet, dass sie sich einen Teil des Lehrplans selbst erarbeiten. Es ist eher unüblich, dass Dozenten die genauen Seitenzahlen in einem Lehrbuch angeben (oder dass überhaupt ein Lehrbuch vorgegeben wird). Stattdessen ist es typischerweise so, dass die Vorlesungen den Studenten einen Überblick über die Themen verschaffen, aber sie sich dann noch selbstständig weitere Details zu den Themen anlesen müssen. Da kein Lehrbuch vorgegeben wird und die einzelnen Bücher sich oft in ihrer Informationstiefe unterscheiden, ist es manchmal schwer abzuschätzen, wann man sich genug Stoff erarbeitet hat. In diesem Fall hilft der Lehrplan, sofern er detailliert genug ist. Dort kannst du nachschauen, welche Unterthemen behandelt werden sollen und welche nicht. Oft bekommst du in der ersten Vorlesung eine Empfehlung des Dozenten, welches Lehrbuch die angemessene Tiefe für die Klausur hat. Halte dich im Zweifel an den Lehrplan. Von dem Lehrplan ausgehend kannst du dir eine Liste mit allen Themen (und gegebenenfalls Unterthemen) erstellen, die du für die Klausur parat haben musst. Sich einen Überblick über die zu lernenden Themen zu verschaffen ist einer der wichtigsten Schritte der Lernvorbereitung. Denn nur so kannst du einschätzen, wie viel Zeit die Vorbereitung benötigen wird.

Suche dir die Themenübersicht so früh wie möglich in der Klausurvorbereitung heraus. Auch wenn du noch andere Klausuren vor dir hast, lohnt es sich, wenn du dir dafür zehn Minuten Zeit nimmst. Dadurch vermeidest du ein böses Erwachen, nachdem du die anderen Klausuren geschrieben hast. Du möchtest nämlich nicht erst eine Woche vor der Klausur merken, dass du doch mehr lernen musst als gedacht. Wenn du bereits im Voraus weißt, wie viel Lernstoff dich erwartet, kannst du realistischer planen, wann du mit der Vorbereitung beginnen musst, und dir deine Zeit besser für verschiedene Klausuren einteilen.

Insbesondere an der Universität erfährst du häufig schon zu Beginn des Kurses, dass der gesamte Lehrplan Klausurinhalt sein wird. Wenn eine Klausur so umfangreich ist, dass alle Kursinhalte vorkommen können, musst du dich früh genug vorbereiten. Es ist empfehlenswert, dass du dir den Lehrplan von Anfang an anschaust und dir bereits während des Semesters Zeitfenster einplanst, in denen du Themen wiederholen wirst, die der Kurs zu diesem Zeitpunkt bereits behandelt haben wird. Dadurch kannst du am Ende des Semesters in der tatsächlichen Lernzeit kurz vor der Klausurenphase mehr

Energie für andere Klausuren und die Themen aufwenden, die zuletzt im Kurs durchgenommen wurden.

Erstelle deine Bestandsaufnahme

Nachdem du nun weißt, was du alles für die Prüfung wissen musst, kannst du eine Bestandsaufnahme machen: Was weißt du bereits? Hast du beispielsweise ein Thema erst diese Woche wiederholt und kennst dich damit schon gut aus? Dann vermerke dir diesen Fortschritt auf deiner Liste mit Lernthemen. Manchmal kennst du dich bei einem Thema schon ganz gut aus, hast aber trotzdem noch Wissenslücken. Auch das kannst du notieren. Markierst du dir beispielsweise die Unterthemen, die du schon draufhast, kannst du sehen, wie viel dir von einem Unterthema noch fehlt. Durch diesen Abgleich weißt du dann später beim Erstellen deines Lernplans, wie viel Zeit du für welches Thema brauchen wirst. An dieser Beschreibung hast du vielleicht schon bemerkt, dass eine solche Bestandsaufnahme vor allem dann Sinn macht, wenn eine umfangreiche Klausur vor dir liegt. Für einen kleinen Vokabeltest hingegen, dessen Lernumfang beispielsweise 20 Vokabeln umfasst, kannst du auch einfach in deinem Kopf festhalten, wie viel du schon kannst. Es lohnt sich nicht, jede einzelne Vokabel als Unterthema in einer Bestandsaufnahme abzuhaken. Aber sobald es einige größere Themen zu lernen gibt, hilft dir eine Übersicht, zum Beispiel in Form einer Tabelle.

Deine Bestandsaufnahme sollte aber nicht nur dokumentieren, wie gut du ein einzelnes Thema im Moment verstanden hast. Wenn du beispielsweise eine große Abschlussklausur vor dir hast, kannst du manches bis zum Zeitpunkt der Klausur vor lauter anderem Lernstoff auch schnell wieder vergessen. Umso wichtiger, dass du zu dem Thema auch Lernmaterial wie eine Zusammenfassung hast. So bist du in der Lage, den Lernstoff effizient zu wiederholen. Für die Bestandsaufnahme empfehle ich dir daher eine Tabelle wie diese:

THEMA	MITSCHRIFT VORHANDEN?	HAUSAUFGABEN/ NOTIZEN GEMACHT? LEHRBUCH GELESEN?	LERNMATERIAL ERSTELLT?	BEREITS GELERNT?
Hier trägst du jedes Unterthema einzeln ein, damit du ein detaillierteres Bild deines Lernfortschritts bekommst.	Sind deine Mitschriften vollständig? Falls du einmal abwesend warst, hole den Stoff mithilfe von Mitschriften anderer nach. Prüfe, ob du ggf. Einsicht in den Foliensatz der Vorlesung bekommst.	Dazu zählen alle eigenständigen Arbeiten, die du zusätzlich zum Unterricht noch zu dem Thema absolvieren solltest. Hast du diese abgeschlossen, kannst du dieses Kästchen abhaken.	Je nach gewählter Lernmethode werden deine Lernmaterialien anders aussehen. Hake das Kästchen ab, wenn du die Materialien für deine Lernmethode erstellt hast.	Wenn du bereits von deinem Lernmaterial gelernt hast und das Thema schon gut sitzt, kannst du auch dieses Kästchen abhaken.

Eine solche Tabelle zur Bestandsaufnahme kannst du dir über den QR-Code im Vorwort dieses Buchs herunterladen. Indem du nicht nur fragst, ob du das Thema bereits gelernt hast, sondern auch die einzelnen Lernschritte berücksichtigst, siehst du anhand deiner Bestandsaufnahme detailliert, wie weit du tatsächlich bist und welche Schritte dir noch fehlen. Das hilft dir später beim Erstellen deines Lernplans. Falls dir noch ein Schritt fehlt, kannst du in dem relevanten Kästchen deiner Bestandsaufnahme auch vermerken, wie groß dieser Schritt ist. Beispielsweise kannst du in das Kästchen aus Spalte drei schreiben, dass du noch die Seiten 114 bis 163 zu diesem Thema lesen musst. So kannst du beim Erstellen des Lernplans besser einschätzen, wie viel Zeit du für die einzelnen Schritte brauchen wirst.

Genauso kannst du dir beim Durchgehen der Themenliste in der Bestandsaufnahme auch die Themen markieren, die du als schwer empfindest (soweit du das schon weißt) – zum Beispiel mit einem roten Stern. Das signalisiert dir beim Erstellen des Lernplans, dafür mehr Zeit einzuplanen.

Frage dich während der Bestandsaufnahme, ob du noch andere Fähigkeiten für die Klausur brauchst und ob du diese trainieren kannst. Gehst du in einer Prüfungssituation zum Beispiel gut mit dem Stress einer Klausur um? Wirst du beim Schreiben schnell nervös und vergisst dadurch Dinge? Auch solche Punkte könntest du in deine Tabelle aufnehmen und dir später Zeit nehmen, um dich im Rahmen deines Lernplans auf die Klausur vorzubereiten. Falls du nach Stressbewältigungsmethoden für Prüfungen suchst, findest du diese in diesem Kapitel auf Seite 142.

Deine Bestandsaufnahme ist eine gute Basis zur Erstellung deines Lernplans, sie hilft dir aber auch dabei, diesen einzuhalten. Während des Lernens kannst du dir immer wieder deine Bestandsaufnahme vornehmen und das Erledigte entsprechend abhaken. So weißt du jederzeit, wie viel dir insgesamt noch fehlt und was du schon erledigt hast. Du kannst du die Tabelle auch noch um Spalten zum mehrfachen Wiederholen ergänzen. Dies ist insbesondere dann sinnvoll, wenn du dich über mehrere Wochen oder sogar Monate auf eine Prüfung vorbereitest. Bei einer so langen Vorbereitungszeit kann es gut sein, dass du am Anfang Gelerntes zum Ende hin wieder vergessen hast. Daher lohnt es sich, das Gelernte durch regelmäßige Wiederholung zu festigen. Bei nur einer Woche Lernzeit ist Wiederholen zwar auch sinnvoll, aber an vieles von dem, was du am Anfang der Woche gelernt hast, wirst du dich noch erinnern. Die erweiterte Tabelle kann dann beispielsweise so aussehen:

THEMA	MITSCHRIFT VORHANDEN?	HAUSAUFGABEN/NOTIZEN GEMACHT? LEHRBUCH GELESEN?	LERNMATERIAL ERSTELLT?	BEREITS GELERNT?	WIEDERHOLUNG		
					1X	2X	3X

Diese erweiterte Version einer Tabelle zur Bestandsaufnahme kannst du dir auch über den QR-Code in der Einleitung dieses Buchs herunterladen.

Das Konzept einer Bestandsaufnahme klingt vielleicht im ersten Moment komplex und zeitintensiv. Das kann es auch sein, aber das hängt sehr von der Prüfungsart ab. Für die Vorbereitung meiner Abschlussprüfungen in der Schule saß ich für die einzelnen Bestandsaufnahmen für jedes der sechs Fächer jeweils einen ganzen Vormittag am Schreibtisch. Das Durchgehen aller Notizen zu Themen aus insgesamt zwei Jahren hat natürlich länger gedauert als das kurze Durchschauen der letzten drei Themen aus dem Unterricht für eine Matheklausur in der siebten Klasse. Bei solchen »kleineren« Klausuren ist eine Bestandsaufnahme eine Sache von wenigen Minuten. Es lohnt sich, diese Zeit zu investieren, um zu wissen, welche Themen noch am meisten Zeit benötigen. Ohne Bestandsaufnahme einfach draufloszulernen ist nicht empfehlenswert. Das Risiko ist sehr hoch, dass du kurz vor der Klausur merkst, dass dir zu manchen Themen doch mehr fehlt und dass die Zeit fürs Lernen nicht mehr ausreicht.

Auswendiglernen vs. Verstehen vs. Anwenden

Wenn du deine Bestandsaufnahme erstellt hast, solltest du dir die Themen darauf noch mal anschauen und dir überlegen, welches Lernziel du für welches Thema hast. Geht es darum, dass du etwas auswendig lernen musst? Das kann beispielsweise auf Schaubilder aus der Biologie zutreffen. Musst du etwas erklären können? Dann musst du auch das Konzept verstanden haben und in deinen eigenen Worten wiedergeben können. Musst du das Gelernte anwenden können? Dann solltest du auch verschiedene Arten von Anwendungsaufgaben üben, damit du diese ohne Probleme meistern kannst.

Diese Unterscheidung der Lernziele lässt dich besser voraussagen, wie lernintensiv ein Thema sein wird. Als typische Regel würde ich sagen, dass Anwenden als Lernziel normalerweise das zeitintensivste Lernziel ist. Es kann jedoch auch sein, dass dir das Auswendiglernen besonders schwerfällt. Wenn du deine Schwächen diesbezüglich kennst, wirst du besser wissen, wie viel Zeit du für welche Bereiche benötigst.

Je nach Lernziel unterscheiden sich die Schritte, die dich zum Ziel führen. Um etwas auswendig zu lernen, kannst du vielleicht besser mit Karteikarten lernen. Musst du etwas anwenden können, dann hilft es dir eventuell mehr, mit Altklausuren zu üben. Berücksichtigst du deine verschiedenen Lernziele bei der Bestandsaufnahme und baust zusätzlich einzelne To-do-Schritte mit ein, wird sie noch detaillierter. Das kann dann so aussehen:

THEMA	MITSCHRIFT VORHANDEN?	HAUSAUFGABEN/NOTIZEN GEMACHT? LEHRBUCH GELESEN?	LERN-MATERIAL ERSTELLT?
Thema (auswendig lernen)	✓	✓	✓ (Karteikarten für Leitner-System)
Thema (verstehen)	✗ Mitschrift von Sitznachbar anschauen	✗ Lehrbuch S. 113–119 lesen	✗ (Zusammenfassung & erklärende Sprachnotiz)
Thema (anwenden können)	✓	✓	✓ (Zusammenfassung & Altklausuren)

BEREITS GELERNT?	WIEDERHOLUNG		
	1X	2X	3X
✓ (Karteikarten gelernt)	✓ (Karteikarten wiederholt)	✓ (Karteikarten wiederholt)	✓ (Karteikarten wiederholt)
✗ (Zusammenfassung gelernt, Sprachnotiz regelmäßig angehört und das Thema jemand anderem erklärt)	✗ (Thema jemandem erklärt und Fragen dazu beantwortet)	✗ (Thema schriftlich erklärt und die Erklärung auf Vollständigkeit geprüft)	✗ (Thema mündlich als Sprachnotiz erklärt und diese auf Vollständigkeit geprüft)
✓ (Zusammenfassung & Übungsaufgaben)	✓ (Altklausur 1)	✓ (Altklausur 2)	✓ (Altklausur 3)

Eine so detaillierte Bestandsaufnahme lohnt sich vor allem dann, wenn du genau definierte Lernziele brauchst. Du hast greifbar vor Augen, was du erledigen musst, um ein Thema tatsächlich draufzuhaben. Ist dir etwa nicht klar, was du tun musst, wenn du in deinem Lernplan notiert hast, dass du das Thema noch wiederholen musst, dann definiere dieses »Wiederholen« genauer. Etwa, dass du zum Wiederholen eine Altklausur schreiben wirst. Wenn du nun weißt, was du alles lernen musst und welche Schritte das genau beinhaltet, bist du in der Lage, einen Lernplan zu erstellen und festzulegen, wann du die einzelnen Lernschritte angehst.

Erstelle deinen Lernplan

Nachdem du nun weißt, was du alles für die Prüfung wissen und anwenden musst und wie weit du mit den einzelnen Lerninhalten bist, überlegst du dir, wie du dich organisierst, um zur Prüfungszeit auch wirklich alles zu können. Du gestaltest deinen Lernplan. Ähnlich wie beim Erstellen eines Organisationssystems zum Beginn des Semesters oder Schuljahres (Kapitel 2, ab Seite 27) kommt es darauf an, welche Organisationsmethoden für dich am effektivsten und sinnvollsten sind. Hilft es dir, für die einzelnen Lernthemen Zeiten in dem Kalender zu blocken *(Calendar Blocking,* siehe Seite 36)? Möchtest du deinen Lernplan ausdrucken und über deinen Schreibtisch hängen, damit du ihn immer siehst und den Überblick behältst?

Verschiedene Organisationsmethoden kennst du bereits aus dem 2. Kapitel. Daher gehe ich hier lediglich auf die Dinge ein, die speziell beim Auswählen der Organisationsmethode für einen Lernplan wichtig sind. Die erste Frage lautet, ob du überhaupt einen (physischen) Lernplan brauchst. Die meisten denken beim Wort Lernplan vermutlich an ein Spreadsheet, einen vollen Kalender oder Ähnliches. Für manche ist es aber schon ausreichend, wenn sie die Lerninhalte im Kopf haben oder ihre Bestandsaufnahme immer wieder während des Lernverlaufs aktualisieren und anschauen. Ihnen reicht das, um abzuschätzen, wie weit sie sind und wofür sie sich noch Zeit nehmen sollten.

Wie viel Arbeit du in deinen Lernplan steckst, hängt einerseits davon ab, wie gut du organisiert bist, und andererseits davon, wie groß der Lernumfang ist. Eine Abschlussprüfung mit 24 Themen und zig weiteren Unterthemen ist etwas ganz anderes als ein kleiner Test. Sei also beim Festlegen der Organisationsmethode ehrlich zu dir selbst: Wie gut behältst du den Überblick über zu lernende Themen? Hilft es dir, an einer Liste den detaillierten Fortschritt zu sehen, oder kannst du auch so gut einschätzen, wie viel Zeit du für verschiedene Themen brauchst? Ich empfehle dir Folgendes: Je umfangreicher und wichtiger die Klausur, desto wichtiger ist es, einen Lernplan zu schreiben und sich nicht allein auf seinen Kopf zu verlassen. Ein Lernplan muss nicht superdetailliert sein – wie du ihn gestaltest, ist dir überlassen. Aber du hast lieber einen Lernplan zu viel geschrieben als einen zu wenig.

AUFBAUMETHODEN FÜR EINEN LERNPLAN

Es gibt keine Regel dafür, wie ein Lernplan auszusehen hat beziehungsweise aufgebaut sein muss. Entscheidend ist, dass dein System für dich funktioniert. In den folgenden Tabellen findest du einige Aufbaumethoden, von »allgemein« hin zu »detailliert«:

AUFBAU DES LERNPLANS NACH THEMEN	
Bei der Anwendung dieser Methode ist eine Bestandsaufnahme möglicherweise schon ausreichend. Etwas detaillierter wird es, wenn du bei jedem Thema vermerkst, wie viel Zeit du für das Lernen einplanst. Du suchst dir von deiner Liste der noch ungelernten Themen dasjenige heraus, das du gerade am liebsten durchgehen möchtest. Dementsprechend arbeitest du dann nach und nach (oder auch kunterbunt verteilt durch den Lernplan hindurch) alle Themen ab. Diese Methode solltest du zusätzlich mit *Calendar Blocking* kombinieren. So kannst du dir beispielsweise die vorgesehene Gesamtzeit, die du zum Lernen aller Themen benötigen wirst (plus einen Puffer), in deinem Kalender in Form von kleinen Zeitslots blocken. Welche Themen du innerhalb der Zeitblöcke dann jeweils lernen wirst, entscheidest du vorab oder am Anfang eines Slots.	
VORTEILE	**NACHTEILE**
→ Bei dieser Methode hast du viel Freiheit bei der Auswahl der Lerninhalte. Wenn du dich mit Themen beschäftigst, die dich gerade mehr interessieren, fällt dir das Lernen leichter.	→ Du brauchst viel Selbstdisziplin, insbesondere ohne die Kombination mit *Calendar Blocking*. Denn irgendwann holen dich die Themen ein, die du nicht magst. Das ist mühsam, selbst mit noch ausreichend verbleibender Zeit. → Falls du dazu neigst, Dinge vor dir herzuschieben, würde ich dir von dieser Methode abraten. Sonst läufst du Gefahr, das Lernen bis zum Abend vor der Prüfung aufzuschieben.

AUFBAU DES LERNPLANS NACH WOCHEN	
Du legst fest, welche Themen du in welcher Woche lernen wirst. Welche der Themen du an welchem Tag lernst, entscheidest du eigenständig am jeweiligen Tag. Es zählt lediglich, dass du am Ende der Woche deine gesetzten Lernziele erreicht hast.	
VORTEILE	**NACHTEILE**
→ Diese Methode gibt dir eine bessere zeitliche Struktur. Trotzdem behältst du noch eine gewisse Freiheit und kannst beispielsweise an Tagen, an denen du nicht so fit bist, die Themen behandeln, die dir besser liegen.	→ Ich würde dir trotzdem von dieser Methode abraten, wenn du zur Prokrastination neigst. Da es keine festgelegten Tage gibt, kann es sonst passieren, dass du am Sonntagnachmittag feststellst, dass noch wesentlich mehr zu tun ist, als du bewältigen kannst.

<table>
<tr><th colspan="2">AUFBAU DES LERNPLANS NACH TAGEN</th></tr>
<tr><td colspan="2">Diese Methode funktioniert so ähnlich wie die vorige Methode. Der einzige Unterschied ist, dass du nun jedem Tag bestimmte Themen zuweist. Ob du dich morgens oder nachmittags mit einem Thema beschäftigst, ist aber immer noch dir überlassen.</td></tr>
<tr><th>VORTEILE</th><th>NACHTEILE</th></tr>
<tr><td>→ Diese Methode gibt dir zwar immer noch etwas Freiheit, aber es ist wesentlich schwerer, das Lernen aufzuschieben, da du für jeden einzelnen Tag ein Ziel hast.
→ Im Zweifel kannst du diese Methode auch so anwenden, dass du deine täglichen Themen jeden Morgen abarbeitest und erst danach andere Dinge machst. Das ist insbesondere dann möglich, wenn du während der Lernphase frei von allen anderen Verpflichtungen bist.</td><td>→ Es ist mehr Arbeit, jedem Tag verschiedene Themen zuzuweisen, da du dir dabei detaillierter überlegen musst, wie viel Zeit du jeweils hast und wie viel Zeit ein Thema braucht.
→ Auch diese Methode ist nur etwas für dich, wenn du ausreichend Disziplin hast, um dich hinzusetzen und zu lernen und das nicht bis zum Abend aufzuschieben – und dann fehlt dir am Ende die Zeit dafür.</td></tr>
</table>

<table>
<tr><th colspan="2">AUFBAU DES LERNPLANS NACH DETAILLIERTEM CALENDAR BLOCKING</th></tr>
<tr><td colspan="2">Bei dieser Methode blockst du in deinem Kalender einzelne Zeitfenster und weist ihnen fixe Themen zu. In den entsprechenden Zeiträumen lernst du dann die zugewiesenen Themen.</td></tr>
<tr><th>VORTEILE</th><th>NACHTEILE</th></tr>
<tr><td>→ Bei dieser Methode hast du eine klar vorgegebene Struktur für deinen Lernweg. Wenn es dir schwerfällt, dich ohne eine solche Struktur zum Lernen aufzuraffen, passt die Methode zu dir.
→ Du kannst auch erst mal eine der obigen Methoden ausprobieren und deinen Plan immer noch detaillierter ausarbeiten, falls nötig.</td><td>→ Es dauert länger, einen so detaillierten Lernplan zu erstellen, als bei den anderen Methoden.</td></tr>
</table>

Ich habe all diese Methoden schon einmal angewendet, manchmal sogar einen Mix aus mehreren. So habe ich beispielsweise für meine Abschlussprüfungen einen Lernplan nach Tagen gehabt. In den Wochen, in denen ich gemerkt habe, dass mir das Lernen schwerfällt, habe ich mir dann zusätzlich einen detaillierten Lernplan mit *Calendar Blocking* erstellt. So hatte ich, als mir die Selbstdisziplin ein bisschen gefehlt hat, eine klare Struktur. Entscheidend war, dass ich dabei ehrlich zu mir selbst war. Wenn es mit dem Lernen nicht gut voranging, habe ich den Plan detaillierter gemacht. Redet man sich aber ein, dass man es noch schaffen kann, alles Aufgeschobene noch aufzuholen, wird es irgendwann schwer, die gesetzten Lernziele zu erreichen. Du solltest immer wieder reflektieren, ob deine Aufbaumethode für deinen Lernplan für dich funktioniert oder nicht. Solange du dabei ehrlich zu dir selbst bist und dann dementsprechend die Methode beibehältst oder veränderst, wird dein Lernplan dir helfen.

Wenn du eine der oben genannten Methoden ausprobieren möchtest, kannst du dir Templates für die verschiedenen Aufbaumethoden des Lernplans über den QR-Code im Vorwort dieses Buchs herunterladen.

WIE VIEL ZEIT BENÖTIGST DU ÜBERHAUPT ZUM LERNEN?

Vielleicht treibt dich jetzt oder schon länger eine Frage um: Woher sollst du wissen, wie viel Zeit zum Lernen du für welches Thema einplanen sollst? Leider gibt es hierauf keine allgemeingültige Antwort. Du musst dir beim Durchgehen deiner Bestandsaufnahme selbst an die Nase fassen und überlegen, wie lange du realistisch für jeden einzelnen Schritt brauchst. Wenn du nicht weißt, wie schnell du liest oder eine Zusammenfassung schreibst, dann stoppe doch beim nächsten Mal die Zeit mit deinem Handy. Dadurch sammelst du Erfahrungswerte. Die Einschätzung der Zeitaufwände hängt natürlich auch von deinen Fähigkeiten in den verschiedenen Bereichen ab. Je mehr du dich mit deiner Lernweise und -struktur auseinandersetzt, desto besser kannst du dich einschätzen. Probiere dich also die erste Zeit immer wieder aus! Du wirst mit Sicherheit schnell dazulernen.

Beim Bemessen der Zeit solltest du großzügig sein – du hast lieber am Ende des Lernstoffs noch etwas Zeit übrig, als mit dem Lernen nicht fertig zu werden. Achte darauf, Zeitpuffer einzubauen. Wie oft du einen Zeitpuffer einplanst (zum Beispiel nach jedem Thema oder schon nach jedem Unterthema), hängt davon ab, wie umfangreich dein Lernstoff ist. Ich habe beispielsweise in meinem täglichen Lernplan nur sechs Tage in der Woche verplant. Wenn ich etwas nicht geschafft habe, konnte ich das am letzten Tag erledigen. Sonst hatte ich einen Tag frei. Das war auch eine starke Motivation, meine täglichen Lernziele zu erreichen – denn ansonsten wurde meine Freizeit verkürzt.

Wie viel Zeit welches Thema benötigt, hängt auch davon ab, auf welche Art von Klausur du dich vorbereitest. Normalerweise wird eine Klausur vor Ort in der Schule oder Universität geschrieben, und dabei sind keine Mitschriften und sonstige Lernmittel erlaubt. Insbesondere in der Coronazeit haben viele von uns jedoch einen weiteren Klausurtyp kennengelernt: Open-Book-Klausuren. Diese werden meistens von zu Hause geschrieben, und man darf dabei auf alle Hilfsmittel, inklusive des Internets und eigener Mitschriften, zurückgreifen.

Wenn du für eine Open-Book-Klausur lernst, ist Auswendiglernen eigentlich kein Ziel mehr. Wenn du eine Definition oder die Beschriftung eines Diagramms in deinen Notizen nachschlagen kannst, solltest du eher darauf achten, dass du diese Informationen schnell in deinen Lernmaterialien findest, anstatt viel Zeit auf das Auswendiglernen aufzuwenden. Du kannst solche Informationen beispielsweise mit beschrifteten Post-its in deiner Zusammenfassung markieren. Hast du aber keinen Zugang zu deinen Lernmaterialien in der Klausur, musst du diese Dinge natürlich auswendig kennen und solltest daher auch mehr Zeit für das Lernen dieser Themen einplanen.

Wegen der erlaubten Hilfsmittel sind Open-Book-Klausuren häufig anders aufgebaut und fragen anderes Wissen ab als eine normale Klausur. Wenn dein Lehrer weiß, dass du beispielsweise Definitionen und Beschriftungen von Diagrammen leicht nachschauen kannst, wird er dir dafür vermutlich wenige bis keine Punkte geben. Tendenziell sind Open-Book-Klausuren daher so ausgelegt, dass du das Wissen eher anwenden können musst, als es lediglich wiederzugeben. So wird sichergestellt, dass die Klausur nicht ein reines Abschreiben von Mitschriften aus dem Unterricht wird. Entsprechend solltest du deine Lernziele darauf ausrichten.

WIE SOLL DEIN LERNPLAN AUSSEHEN?

Wenn du entschieden hast, wie du deinen Lernplan aufbaust, und die verschiedenen Zeiten für die einzelnen Themen einträgst, musst du dir nur noch überlegen, wie dein Lernplan ganz konkret aussehen soll. Möchtest du ihn beispielsweise über deinen Schreibtisch hängen oder lieber digital in deinen Kalender eintragen? Um zu entscheiden, welche Form am besten für dich geeignet ist, stelle dir folgende Fragen:

→ **Wo wirst du lernen?**
Wenn du zu Hause lernst, kannst du deinen Lernplan auch sichtbar aufhängen. Lernst du eher in der Bibliothek, solltest du ihn immer dabeihaben, zum Beispiel in deinem Papierkalender oder als digitalen Lernplan.

→ **Brauchst du eine Erinnerung an deinen Lernplan?**
Falls ja, kannst du dir dafür Erinnerungen in deinem Kalender oder in einer App einstellen. In so einem Fall ist eine digitale Lösung ideal. Eine papierbasierte Lösung wären beispielsweise Post-its, die dich erinnern, aber die können auch schnell verloren gehen.

→ **Wie trackst du deinen Lernfortschritt?**
Du kannst beispielsweise deine Bestandsaufnahme nutzen, um immer wieder zu checken, wie weit du insgesamt schon mit dem Lernen bist. Aber falls du eine App wie Anki verwendest, hält diese automatisch fest, wie viele Karteikarten du schon gut kannst. So sparst du dir die zusätzliche Tracking-Arbeit.

Dies sind lediglich die zusätzlichen organisatorischen Fragen, die du dir in Bezug auf den Lernplan stellen solltest. Weitere organisatorische Fragen, die dir beim Entscheiden helfen können, findest du in Kapitel 2 (»Baue dir ein Organisationssystem«) auf Seite 27.

Tipps gegen Prokrastination: Wie hältst du deinen Lernplan ein?

Deinen Lernplan hast du erstellt, jetzt musst du dich »nur noch« daran halten. Der Aufbau des Lernplans, zum Beispiel nach Wochen oder nach Tagen, hilft dir dabei. Es gibt noch weitere Hilfestellungen. Falls du dich nicht gut an die vorgegebenen Zeiten aus deinem Lernplan halten kannst oder dich beim Lernen leicht ablenken lässt, findest du hier einige Tipps, um das zu vermeiden.

GUTE LERNUMGEBUNG

Es ist leichter, sich ablenken zu lassen, wenn du dich in einer Umgebung voller Ablenkungen aufhältst. Wähle daher, soweit wie möglich, einen geeigneten Ort zum Lernen aus. Wenn du zu Hause lernst, kann es passieren, dass du vor dem Lernen deinen Schreibtisch oder auch dein ganzes

Zimmer aufräumst. Klar: Dadurch kannst du dich nicht von herumliegenden Sachen ablenken lassen und ein plötzlicher Putzdrang unterbricht dich dann auch nicht beim Lernen. Seien wir ehrlich: Wir haben vermutlich alle schon mindestens einmal lieber geputzt, als zu lernen. Lass dich aber gar nicht erst von so was ablenken, indem du vorher aufräumst. Des Weiteren solltest du darauf achten, dass deine Lernumgebung auch wirklich zum Lernen geeignet ist. Dein Schreibtisch ist zum Lernen da, dein Bett aber nicht. Dein Bett verbindest du mental tendenziell mit Schlafen, wodurch du beim Lernen auch schneller müde werden kannst. Außerdem ist es beim Schreiben weniger bequem, weil du keine Tischplatte oder Rückenlehne hast. Ein Schreibtisch oder zumindest ein Tisch ist zum Lernen viel besser geeignet.

Es kann aber auch schwierig sein, zu Hause zu lernen. Teilst du dir zum Beispiel ein Zimmer mit einem Geschwisterkind und hast keine Ruhe, dann sieh dich nach Orten außerhalb der Wohnung um. Der Vorteil ist, dass du dort weniger potenzielle Ablenkungen als daheim hast. Zu Hause liegt beispielsweise deine Spielkonsole herum, mit der du dich ablenken könntest. Wenn du aber in die Bibliothek, ein Café oder die Schule gehst und die Spielkonsole gar nicht erst mitnimmst, kannst du dich auch nicht davon ablenken lassen. Ein weiterer Vorteil: Du bist dort meistens nicht allein. Insbesondere in Bibliotheken ist es zur Klausurenphase recht voll. Dadurch kann es zwar sein, dass du dir vorab online einen Platz reservieren musst, aber es hat auch den Vorteil, dass du in einer Umgebung bist, in der alle um dich herum ebenfalls lernen. Dadurch hast du eine Art positiven Gruppendruck, und die anderen produktiven Personen um dich herum wirken nicht selten ansteckend.

Als Student kannst du normalerweise kostenlos in die Bibliothek(en) deiner Universität gehen. Als Schüler kannst du, falls vorhanden, die Schulbibliothek nutzen. Des Weiteren bekommst du bei den Stadtbibliotheken oft einen vergünstigten Bibliotheksausweis. In viele Bibliotheken kommst du aber auch ohne Bibliotheksausweis rein, oder du brauchst den Ausweis nur für die Nutzung des WLANs oder zum Reservieren eines Platzes. Vielleicht kann dir auch dein Klassenlehrer bei der Suche nach einem guten Platz zum Lernen helfen und dir nach dem Unterricht einen Raum in der Schule öffnen.

RAUS AUS DEM PYJAMA

Gerade wenn man zu Hause lernt, kann es verlockend sein, gar nicht erst aus dem Pyjama herauszukommen. Ähnlich wie beim Lernen auf dem Bett ist auch dein Pyjama in deinem Kopf mit Schlafen verbunden. Du möchtest dich zum Lernen aber fokussieren und nicht aufs Schlafen einstellen. Daher kann es hilfreich sein, sich fürs Lernen so anzuziehen, als würdest du zur Schule oder zur Universität gehen - auch wenn du gar nicht aus dem Haus gehst. Daheim lernen hat den Vorteil, dass du die Bequemlichkeiten deines Zuhauses nutzen kannst: Du kannst dir jederzeit einen Tee machen oder ein Heizkissen nehmen, um es dir bequemer zu machen. Du solltest die Lernzeiten zu Hause jedoch mit dem gleichen Fokus angehen wie deine Lernzeiten außerhalb. Ganz normale Alltagsklamotten, die du auch an der Uni oder Schule tragen würdest, können dich dabei unterstützen.

WEG MIT DEM HANDY

Lenken dein Handy oder generell Social Media dich immer wieder vom Lernen ab? Dann versuche besser, diese Ablenkung so weit wie möglich auszuschalten. Leg dein Handy zu Hause in eine Schublade oder lass es beim Lernen einfach in deiner Tasche. So wirst du nicht von jeder neuen Nachricht oder Push-Benachrichtigung gestört. Du kannst dein Handy auch einfach mit dem Display nach unten hinlegen, damit du diese Nachrichten nicht siehst. Das macht natürlich nur Sinn, wenn du es auch auf stumm schaltest und am besten den Vibrationsalarm für die Zeit des Lernens ausschaltest.

Falls du nicht nur von ankommenden Nachrichten abgelenkt wirst, sondern gerne auch selbst während des Lernens hin und wieder zum Handy greifst, dann reicht diese Strategie nicht aus. In einem solchen Fall helfen Apps wie beispielsweise Forest. Stellst du einen Timer ein, wächst in dieser Zeit ein virtueller Baum heran, der stirbt, wenn du die App vor dem Ende des Timers verlässt. Du kannst bei Forest auch Gruppen-Sessions veranstalten und gemeinsam mit deinen Freunden lernen, auch wenn ihr weiter weg voneinander entfernt seid. Es gibt auch ähnliche Apps für Laptops – etwa die Chrome-Erweiterung Freedom, mit der du verschiedene Seiten (zum Beispiel Social Media) blockieren kannst. Eine maximale Nutzungszeit für bestimmte Seiten kannst du zum Beispiel mit der Chrome-Erweiterung StayFocused festlegen.

In Kombination mit solchen Maßnahmen oder unabhängig davon kannst du auch eine Strichliste führen. Du legst dich vorher fest, wie oft du auf Social Media gehen möchtest. Wann immer du nach deinem Handy greifen oder auf deinem Laptop Social Media öffnen willst, setzt du stattdessen einen

Strich auf deine Liste. Diese Methode hilft dir in dem Moment nicht vielleicht so viel wie die anderen, aber dadurch realisierst du mit der Zeit, wie oft du den Drang verspürst, auf Social Media zu gehen. Das sensibilisiert dich langfristig dafür, wie viel Zeit du online verschwendest. Sobald man sich das klargemacht hat, fällt es leichter, die Zeit auf diesen Plattformen zu reduzieren.

HINTERGRUNDMUSIK ODER -GERÄUSCHE

Geräusche können ablenken, aber können dir auch beim Lernen helfen. Das hängt davon ab, wie du am besten lernst. Manche mögen das Lernen bei Stille. Falls das nach dir klingt, ist zu Hause vielleicht der richtige Lernort für dich. An anderen Orten, zum Beispiel im Café, kann es lauter sein. Du kannst dir aber auch ein Paar Ohrstöpsel oder Noise-Cancelling-Kopfhörer zulegen, um die Umgebungsgeräusche auszublenden.

Falls du besser mit Geräuschen lernen kannst, dann probiere einfach aus, was dich am besten unterstützt. Es gibt Leute, die hören sich dabei auf Youtube White Noise und Lo-Fi-Beats an. Andere bevorzugen klassische Musik oder etwas ganz anderes beim Lernen. Mein persönlicher Favorit ist mein Lieblings-Deutschrap-Album. Meine Freunde finden das zum Lernen unheimlich ablenkend, aber mich macht es produktiv. Und falls du schon mal davon gehört hast, dass klassische Musik intelligenter macht: Der Mythos hält sich überraschend gut, aber er stimmt nicht. Der *Mozart-Effekt* ist mehr Legende als Fakt. Studien konnten jedoch zeigen, dass die Leistung von Teilnehmern besser wurde, wenn sie die Musik hörten, die sie bevorzugten.[1] Also, falls du klassische Musik tatsächlich magst, kann sie dich vielleicht beim Lernen unterstützen.

STUDY DATES

Positiver Gruppendruck kann nicht nur in der Bibliothek herbeigeführt werden, sondern auch durch Lerngruppen, oder indem du dich mit einzelnen Freunden zum Lernen verabredest. So könnt ihr gegenseitig darauf achten, dass der andere sich nicht ablenken lässt. Wenn du es einer anderen Person gewissermaßen schuldest zu lernen, lernst du am Ende wahrscheinlich tatsächlich mehr oder konzentrierter. Wichtig ist, dass du solche Study Dates nur mit Personen machst, die dich nicht ablenken. Wenn dein bester Freund und du eher zum Tratschen als zum Lernen neigen, wenn ihr zusammen seid, dann ist er oder sie als Lernpartner vielleicht nicht so geeignet.

Study Dates funktionieren auch digital. So können deine Freunde und du beispielsweise einen Videocall machen und euch alle stumm schalten, damit ihr euch auch gar nicht erst etwas erzählen könnt. Genauso kannst du dich aber auch mit Fremden für ein Study Date verabreden. Du kannst auf einem Discord-Channel in einem digitalen Study Room mit anderen Mitgliedern des Servers lernen. Es ist wie ein Videocall ohne Ton, bei dem man, auch ohne jemanden zu kennen, Lernpartner finden kann.

FILME DICH BEIM LERNEN

Um dich dazu zu zwingen, produktiv zu sein, kannst du dich auch beim Lernen filmen. Dadurch fühlst du dich mehr oder weniger beobachtet und möchtest abliefern. Außerdem hast du am Ende dann einiges an Videomaterial, was du zu deinem Abschluss in coole Timelapses oder Ähnliches verwandeln und dir daraus eine Erinnerung an deine harte Arbeit basteln kannst. Zudem helfen dir solche Videoaufnahmen, um festzustellen, wie viel Zeit du für verschiedene Lernschritte brauchst, zum Beispiel für das Lesen von 20 Lehrbuchseiten.

ERHOLENDE PAUSEN VS. ERMÜDENDE PAUSEN

Pausen sind beim Lernen sehr wichtig, damit du dich danach wieder gut konzentrieren kannst. Achte bei der Wahl deiner Pausenaktivität jedoch darauf, dass sie dir tatsächlich hilft, danach produktiv weiterzulernen. Ich persönlich habe festgestellt, dass mich das Anschauen von Videos und das Scrollen auf Social Media mental eher müder werden lässt. Wenn ich das in meinen Pausen mache, brauche ich danach länger, um die Konzentration wieder hochzufahren. Wenn ich hingegen in meiner Pause lese oder auf meinem Tablet etwas male, bin ich mental wesentlich fitter, wenn ich zurück an meinen Schreibtisch gehe. Beobachte dich selbst, wenn du nach deinen Pausen zurück zum Lernen kommst. Nach welchen Pausen bist du produktiv und nach welchen eher nicht? Dementsprechend kannst du dir gute Pausenaktivitäten für deine Lernpausen suchen.

Mit diesen verschiedenen Hilfen zum Fokussieren kannst du deinen Lernplan einhalten. Wenn du gut gelernt und dich an deinen Lernplan gehalten hast, musst du dein Wissen noch in der Klausur zu Papier bringen. Falls du leicht nervös wirst, kann das schwer sein. Daher behandeln wir als Nächstes einige Methoden zur Stressbewältigung in Klausuren.

Stressbewältigung in der Klausur

Wenn du dich gut auf die Klausur vorbereitet hast, musst du das Gelernte »nur noch« in der Klausur wiedergeben und verwenden. Das klingt im Vergleich zum Aufwand beim Lernen relativ leicht, aber in der Praxis kann dieser Teil sehr schwierig sein. Warst du schon mal in einer Klausur und hast plötzlich Panik bekommen? Vielleicht sogar schon mal einen Blackout gehabt? Oder im Nachhinein bemerkt, dass du vor Nervosität einiges nicht aufgeschrieben hast, was du eigentlich wusstest? Dann lohnt es sich für dich, dir einige Strategien zur Stressbewältigung während der Klausur anzueignen. Selbst wenn Nervosität in Klausuren für dich normalerweise kein Problem ist, solltest du zumindest eine Strategie in deinem »Werkzeugkasten« für das Schreiben von Klausuren haben. Hoffentlich wirst du sie nie brauchen, aber dadurch bist du auch auf diesen Fall vorbereitet. Wie kann man nun in einer Klausur Ruhe bewahren?

BEWUSSTES ATMEN

Diese Strategie kannst du sowohl vor als auch während einer Klausur zur Beruhigung anwenden. Mach eine kurze Pause vom Bearbeiten der Klausur und konzentriere dich auf deine Atmung. Atme bewusst ein, zähle langsam bis fünf, und atme dann wieder bewusst aus. Konzentriere dich währenddessen darauf, wie dein Körper sich beim Einatmen anspannt und beim Ausatmen wieder entspannt. Um die Klausur noch mehr auszublenden, kannst du dabei deine Augen schließen. Wiederhole das drei- bis fünfmal. Durch das Fokussieren auf die Atmung durchbrichst du die ständige Fokussierung auf die Klausur, die dich so nervös macht. Bewusstes Atmen wird auch oft zum Einschlafen empfohlen, da es beruhigend wirkt.

Der Vorteil dieser Strategie ist, dass sie dir kaum Zeit raubt. Das Ganze dauert weniger als eine Minute, und wenn du danach konzentrierter weiterarbeiten kannst, lohnt sich dieses Zeitinvestment definitiv. Wahrscheinlich hat dir schon mal jemand bewusstes Atmen empfohlen – aber hast du es auch schon einmal angewendet, wenn du gestresst warst? Falls du in Prüfungssituationen dazu tendierst, deine Stressbewältigungsstrategien zu vergessen, kannst du sie auch direkt am Anfang der Klausur auf der Klausur oder auf einem Schmierblatt vermerken. Ein einfaches »bewusst atmen« reicht schon als Erinnerung.

UMRUNDEN DER HAND

Auch diese Strategie hat das Ziel, deinen Fokus kurzfristig auf etwas anderes als die Klausur zu lenken und dir einen Moment Ruhe zu verschaffen. Falls es dir bei der vorigen Atemübung schwerfällt, den Klausurstress auszublenden, könnte sie die richtige für dich sein. Diese Übung gibt dir etwas Physisches, auf das du dich konzentrierst. Und das kann leichter sein, als sich auf das Atmen zu fokussieren. So funktioniert es: Halte eine Hand vor dich, spreize deine Finger und umrunde mit dem Zeigefinger deiner anderen Hand die Form deiner Hand. Danach kannst du die Hände wechseln und die Übung wiederholen.

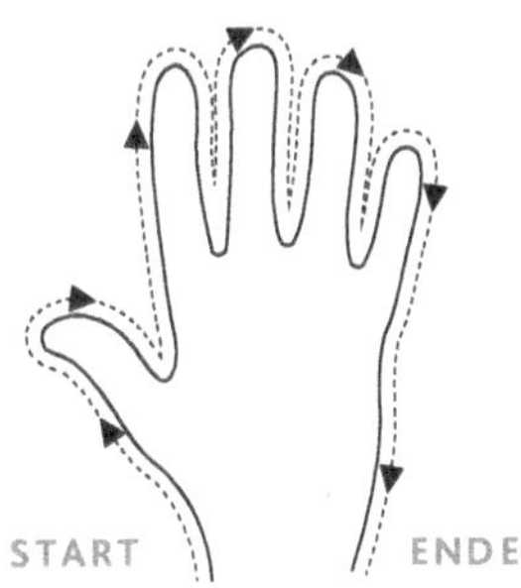

Falls du dir Sorgen machst, dass dich dabei jemand komisch anschauen könnte: Aus eigener Erfahrung kann ich sagen, dass in einer Klausur jeder mit sich selbst beschäftigt ist. Es ist deinen Mitmenschen herzlich egal, was du an deinem Tisch machst, solange du nicht laut bist und andere ablenkst. Auch diese Methode braucht nur wenige Sekunden und ist damit ein schnelles Mittel gegen Nervosität.

5-4-3-2-1-METHODE

Diese Methode wird eigentlich im Kontext von Angststörungen empfohlen, aber du kannst sie auch anwenden, wenn du in einer Klausur nervös wirst oder Panik bekommst. Sie funktioniert folgendermaßen: Du nennst in deinem Kopf nacheinander fünf, dann vier, dann drei, dann zwei Dinge und schließlich noch eine Sache. Das, was du nennst, suchst du nach folgenden Kriterien aus:

1. Fünf Dinge, die du um dich herum **sehen** kannst (zum Beispiel die Deckenlampe, ein Regal oder das Lehrerpult)
2. Vier Dinge, die du um dich herum **anfassen** kannst (zum Beispiel deine Haare, das Klausurblatt oder dein Stift)
3. Drei Dinge, die du um dich herum **hören** kannst (zum Beispiel das Kratzen der Stifte deiner Mitschüler auf dem Papier, das Quietschen deines Stuhls oder das Grummeln deines Magens)
4. Zwei Dinge, die du **riechen** kannst (zum Beispiel das Parfüm der Person neben dir, frisch bedrucktes Papier oder dein Deo)
5. Eine Sache, die du **schmecken** kannst (zum Beispiel den Kaugummi, den du gerade kaust, oder der Nachgeschmack des Kaffees, den du vor der Klausur getrunken hast)[2]

Durch das Fokussieren auf verschiedene Dinge wirst du von dem momentanen Stress der Klausur abgelenkt und kannst dir somit, wie bei den vorigen Methoden, eine kurze Verschnaufpause verschaffen.

FRÜH GENUG AUFSTEHEN

Im Gegensatz zu den vorherigen Strategien ist diese kein schnelles Mittel gegen Stress. Aber dafür sehr effektiv, um sich während der Klausur besser konzentrieren zu können. Mit ausreichend Schlaf kannst du dich besser konzentrieren, bist weniger reizbar und lässt dich nicht so schnell aus der Ruhe bringen. Sorge also dafür, dass du vor einer Klausur ausreichend Schlaf bekommst und auch nicht erst kurz vor der Klausur aus dem Bett rollst. Insbesondere bei digitalen Klausuren, die man von zu Hause aus schreibt, kann es verlockend sein, bis kurz vor dem Start zu schlafen. Da man aber meistens direkt nach dem Aufstehen noch nicht ganz wach ist, ist das kein idealer Zustand für eine Prüfung.

Und was ist mit Koffein, um wacher zu werden? Koffeinhaltige Getränke wie Energydrinks können dir zwar helfen, wach zu bleiben, aber zu viel Koffein kann dich auch nervöser machen.[3] Falls du jeden Morgen Kaffee trinkst, solltest du deine Tasse Kaffee am Klausurtag nicht auslassen, um weniger nervös zu sein. Dein Körper hat sich ohnehin schon an die Hilfe zum Wachbleiben gewöhnt, und du möchtest bestmöglich konzentriert in die Klausur starten. Wenn du jedoch zu einem Energydrink greifst, um dich speziell am Klausurtag wach zu halten, dann bedenke, dass es 30 bis 45 Minuten dauert, bis das Koffein wirkt.[4] Es bringt also nichts, erst zu Beginn der Klausur zum Energydrink zu greifen. Wenn man dauerhaft zu koffeinhaltigen Wachmachern greift, kann sich das negativ auf die Gesundheit auswirken.[5] Daher sollte das keine Dauerlösung sein. Eine gesunde Portion Schlaf ist wesentlich besser und gesünder.

NACHRICHT AN DICH SELBST

Eine kleine motivierende Nachricht kann dir beim Durchlesen etwas Sicherheit und Ruhe verschaffen. Ein Beispiel: An meiner alten Schule schauten wir uns anonymisierte Klausuren an, um gemeinsam von den Fehlern und den Erfolgen anderer zu lernen. In einer der Klausuren hatte jemand am Anfang eine Nachricht an sich selbst geschrieben und später dann durchgestrichen, da das natürlich nicht als Antwort gewertet werden sollte. Man konnte die Botschaft aber trotzdem noch lesen: sie sagte, dass die Person ausreichend gelernt hatte und diese Klausur schaffen wird!

Irgendwie fand ich die Idee gut und machte das in einer meiner letzten Klausuren genauso. Ich fand es hilfreich, mir am Anfang der Klausur 40 Sekunden zu geben, um mir selbst kurz eine motivierende Nachricht zu schreiben. Durch diese Nachricht habe ich mich gezwungen, in dem Moment etwas Positives über mich zu sagen. Da ich jemand bin, der sehr selbstkritisch ist, starte ich sonst mental eher mit dem Vorwurf an mich selbst, dass ich mehr hätte lernen sollen. Diese Methode kann natürlich nichts wahr machen, was nicht da ist. Hat man nicht gelernt, bringt es in der Klausur auch nichts, sich das einzureden. Aber wenn du in deinem Kopf während einer Klausur nicht nett zu dir selbst bist oder einen Extra-Motivationsschub brauchst, kann dir das vielleicht ein bisschen helfen.

SCHREIBE DAS, WAS DU IMMER VERGISST, DIREKT AUF

Falls dir beim Lernen aufgefallen ist, dass es eine Sache gibt, die du dir einfach nicht gut merken kannst, schreibe dir dafür am Anfang der Klausur einen zulässigen Spickzettel. Wiederhole dafür innerlich während dem Austeilen der Klausur immer wieder diese Sache, die du dir schlecht langfristig merken kannst. Sobald du mit Schreiben anfangen darfst, kannst du diese Information entweder auf das Aufgabenblatt oder ein Schmierblatt schreiben. Somit kannst du sie dir immer wieder anschauen und musst dir keine Sorgen machen, dass du dich nach der Hälfte der Klausur vielleicht nicht erinnern kannst. Falls du das Klausurpapier, auf das du schreibst, selbst mitbringen musst, empfehle ich dir, die Information auf das Aufgabenblatt (also die Klausur selbst) zu schreiben. Dadurch verhinderst du, dass jemand die Notiz auf dem Blatt sieht und dir einen Täuschungsversuch vorwirft. Du darfst natürlich keinen Spickzettel in die Klausur mitbringen, aber dir nach Klausurbeginn eine Denkhilfe zu notieren ist nicht verboten.

TRINK- & ESSENSVORRÄTE

Für längere Klausuren, wie beispielsweise Abiturprüfungen und manche Uni-Klausuren, solltest du dir überlegen, welche Snacks und Getränke du in die Klausur mitnimmst. Wenn du bislang noch keine solch langen Klausuren geschrieben hast, lohnt es sich, sie vor der tatsächlichen Prüfung zu üben. Zum Beispiel indem du zu Hause Probeklausuren schreibst, bei denen du dir die gleiche Zeit gibst, die du auch später in der echten Klausur haben wirst. Nimm dir während der Probeklausur keine Pause, die du nicht auch in der tatsächlichen Klausur haben wirst. Dadurch merkst du, wie lange du konzentriert arbeiten kannst und wie oft du eine kurze Pause (etwa mit einer Atemübung, siehe Seite 142) machen solltest.

Dadurch kannst du auch besser abschätzen, wie viel Durst und Hunger du haben wirst. Selbstverständlich solltest du schon vor deiner Klausur genug trinken und essen, um nicht hungrig in die Prüfung zu gehen. Es ist aber trotzdem vollkommen normal, nach mehreren Stunden konzentriertem Arbeiten Durst und Hunger zu bekommen. Nimm dir auf jeden Fall etwas zu trinken und auch etwas zu essen mit in die Klausur. Bedenke bei deiner Auswahl von Getränken und Snacks, dass sie dir helfen, die anderen Prüflinge aber nicht stören sollen. Dein Lieblingssoftdrink, dessen Verpackung bei jedem Öffnen laut zischt, ist daher vermutlich nicht die ideale Wahl, genauso wie das laute Knäckebrot. Auch eine Portion Käsespätzle to go wäre etwas, das dir schwer im Magen liegt und dich dann während der Klausur eher müde macht, als dir Energie zu geben. Was Getränke betrifft, haben wir bereits Energydrinks und andere koffeinhaltige Getränke thematisiert (siehe Seite 145). Wasser ist die einfachste Wahl, aber wenn du in deinen Probeklausuren merkst, dass es für dich gut funktioniert, beispielsweise Apfelschorle zu trinken, und du das lieber magst, dann wähle dieses Getränk. Wichtig ist allein, was in der Klausur für dich am besten ist. Du solltest es nur vorher in einer Probeklausur austesten, damit du dich nicht verschätzt. Falls du keine Idee hast, was du als Snacks einpacken könntest, sind hier zwei weitere Ideen:

SNACK	VORTEIL
Früchte (zum Beispiel Bananen)	Schmecken oft süßlich und erinnern daher eher an Süßigkeiten, geben dir Vitamine und weitere Nährstoffe.[6]
Nüsse	Geben dir Proteine und gesunde Fette[7], lassen sich leicht nebenbei in einer Klausur essen.

Genau wie bei den Getränken würde ich dir aber empfehlen, vor allem darauf zu achten, was dir guttut. Schokolade mit Cookie-Geschmack ist vermutlich auch nicht die beste Essenswahl aus einer gesundheitlichen Perspektive, aber es schmeckt mir und ich weiß, dass ein Stück davon mich in der Halbzeit einer Klausur motivieren kann. Daher packe ich das bei längeren Klausuren gerne ein.

MITSCHREIBEN IN MÜNDLICHEN PRÜFUNGEN

Auch wenn es in diesem Kapitel in erster Linie um schriftliche Klausuren geht, habe ich noch einen Hinweis für mündliche Prüfungen - und auch dabei geht es ums Schreiben. Falls du eine mündliche Prüfung absolvierst, kannst du dir einen Stift und einen Block mitnehmen, um dir Notizen zu machen. In der Regel wird das erlaubt, aber wenn du dir unsicher bist, frag einfach vorher beim Prüfer nach. Sollst du beispielsweise ein fiktives Szenario in der Prüfung analysieren, kannst du dir während der Beschreibung die wichtigsten Details des Szenarios mitschreiben. Vielleicht fallen dir dabei schon Lösungsansätze ein. Dadurch kannst du bei weiteren Fragen immer wieder nachschauen, welche Details in dem Szenario beschrieben wurden, und dich darauf berufen. Es spart dir auch den zusätzlichen Stress in der Prüfung, alles mündlich Erklärte im Kopf zu behalten, wenn du sowieso schon aufgeregt bist.

In manchen mündlichen Prüfungen bekommst du vor der tatsächlichen Prüfung eine kurze Vorbereitungszeit, in der du bereits das Thema oder verschiedene Fragen mitgeteilt bekommst. Diese Zeit vor der Prüfung solltest du natürlich auch nutzen, um dir schon im Voraus Notizen zu machen. Du kannst die Vorbereitungszeit nutzen, um dir eine grobe Gliederung für deine Antworten auf verschiedene Fragen zu schreiben, wenn dir schon gesagt wird, um welche Frage deine Prüfung sich drehen wird. So kannst du während der Prüfung immer wieder auf deine Notizen schauen, um zu sehen, wie du dein Wissen zu dem Thema strukturiert hast und welche Ideen du noch dazu hattest. Natürlich kannst du von den Prüfern trotzdem noch Rückfragen bekommen, die du vorher nicht kanntest, aber so hast du dich zumindest schon mal auf einen Teil der Fragen vorbereitet. Für die Rückfragen kannst du dann die Taktik aus dem vorherigen Absatz anwenden.

Der Notfallplan: Was machst du, wenn du nicht gelernt hast?

Bis jetzt haben wir uns lediglich mit dem Idealfall beschäftigt. Das heißt, dass wir davon ausgegangen sind, dass du mit ausreichend Zeit bis zur Klausur mit der Vorbereitung beginnst und dich dann auch an deinen Lernplan hältst. Das klingt so einfach, aber wir wissen trotzdem alle, dass das in der Praxis nicht immer funktioniert. Jeder kann mal eine Klausur vergessen, das Lernen vor sich herschieben – und manchmal passieren im Leben auch einfach Dinge, die wichtiger sind als das Lernen.

Falls Letzteres der Grund ist und du beispielsweise einen familiären Notfall oder ein gesundheitliches Problem hattest, würde ich dir insbesondere in der Schule raten, das Gespräch mit einem Lehrer zu suchen. Vielleicht könnt ihr euch darauf einigen, dass du die Klausur nachschreibst, sie weniger gewichtet wird oder Ähnliches. In der Universität kannst du dich bei gesundheitlichen Problemen in der Regel an eine Beratungsstelle für Studierende mit Behinderungen und chronischen Krankheiten wenden. Die wissen, wie du in solchen Situationen vorgehen solltest, und helfen dir auch herauszufinden, ob du gewisse Klausuren beispielsweise wiederholen kannst. Natürlich kannst du auch in der Universität versuchen, direkt das Gespräch mit deinem Dozenten zu suchen.

Aber was solltest du tun, wenn du das Lernen einfach vor dir hergeschoben oder die Klausur sogar vergessen hast und jetzt am Abend vor der Klausur dasitzt und zumindest noch das Beste aus der Situation machen möchtest? Ich habe leider keinen Geheimtipp für dich, mit dem du innerhalb weniger Stunden den Lernstoff eines ganzen Semesters nachholen kannst. Mein bester Tipp für eine solche Situation ist: Frage dich als Erstes, ob es überhaupt Sinn macht, die Klausur zu schreiben. In der Schule ist die Antwort auf diese Frage generell »ja«, denn es herrscht eine Anwesenheitspflicht, auch bei Klausuren. In der Universität verhält es sich jedoch etwas anders: Dort gibt es in der Regel keine Anwesenheitspflicht und oft gilt, dass Klausuren mehrmals wiederholt werden können. Wenn du daher als Student in einer solchen Situation weißt, dass dein Wissen nicht ausreicht, um zu bestehen, kannst du die Klausur vielleicht beim nächsten Mal schreiben. Hast du aber das Gefühl, durch gute Mitarbeit schon einiges für die Klausur zu wissen, kannst du dir natürlich noch schnell einiges zu den Themen anschauen und dich dann an der Klausur versuchen.

Wenn du vor der Klausur noch schnell etwas Neues von dem Klausurstoff lernen möchtest, solltest du dich zwischen zwei Wegen entscheiden: Entweder *ein bisschen von allem* oder *auf Lücken lernen.* Was diese beiden Optionen bedeuten, schauen wir uns nun nacheinander an:

EIN BISSCHEN VON ALLEM

Du verschaffst dir einen groben Überblick über alle Klausurthemen. Du überfliegst also noch einmal deine Mitschriften oder das Lehrbuch zu den Themen. Du kannst danach vermutlich ein bisschen zu jedem Thema sagen, aber keine detaillierten Erklärungen einzelner Konzepte vornehmen oder komplexe Anwendungsaufgaben lösen. Der Vorteil hiervon ist, dass du alle Themen, die drankommen könnten, abdeckst. Andererseits kannst du jedoch keine tiefgehenden Fragen dazu beantworten.

AUF LÜCKEN LERNEN

Vielleicht hast du schon mal »auf Lücke« gelernt, also ein Thema beim Lernen ausgelassen und gehofft, dass deine Lernlücke nicht abgefragt wird. Du kannst diese Methode auch umdrehen und dir ein Thema aussuchen, das du in der verbleibenden Zeit detailliert lernst, und dafür beschäftigst du dich nicht oder kaum mit den anderen Themen. Das funktioniert nicht, wenn der Lehrstoff stark aufeinander aufbaut. In einem solchen Fall könntest du nur das Anfangsthema detailliert lernen, aber nicht die folgenden Themen. Diese Methode birgt auch ein hohes Risiko, da es gut sein kann, dass dieses eine Thema nicht drankommen wird. Es kann dir aber auch einen hohen Gewinn einfahren. Denn wenn dein gut vorbereitetes Thema das Klausurthema ist, kannst du trotz des kurzen Lernens mit einer guten Note bestehen. Das ist bei der Methode »Ein bisschen von allem« eher unwahrscheinlich. Du kannst stattdessen darauf hoffen, dass du mit deinem Grundwissen vielleicht gerade noch so durchkommst.

So oder so ist das Lernen kurz vor knapp nicht empfehlenswert. Solltest du dennoch einmal in die Situation kommen, empfehle ich dir, entweder auf Lücke oder ein bisschen von allem zu lernen. Falls du aus persönlichen Gründen nicht lernen konntest, solltest du das bei den richtigen Ansprechpartnern melden. Als jemand mit mehreren chronischen Krankheiten, der sich in gesundheitlich schwierigen Zeiten oft durch Klausuren gequält hat, kann ich dir sagen, dass sich das wirklich nicht lohnt. Die genannten Hilfsangebote sind da, um sie zu nutzen. Man muss sich nicht dafür schämen, wenn zum Beispiel gesundheitliche Nachteile ausgeglichen werden.

WORUM ES IN DIESEM KAPITEL GING:

- → Nutze deinen Lehrplan, um dir eine Liste aller relevanten Themen zu erstellen.
- → Anhand dieser Liste kannst du eine Bestandsaufnahme deines bisherigen Wissens machen. Durch die Bestandsaufnahme kannst du anschließend einen passenden Lernplan erstellen.
- → Achte beim Erstellen deines Lernplans darauf, genug Zeit für deine Lernziele und auch Pufferzeiten einzuplanen.
- → Wenn es dir schwerfällt, dich an deinen Lernplan zu halten, lerne gemeinsam mit anderen und versuche Ablenkungen zu vermeiden.
- → Eigne dir mindestens eine Stressbewältigungsmethode für die Klausurenphase an.
- → Für den Notfall: Solltest du doch einmal nicht genug gelernt haben, versuche die Klausur zu verschieben, lerne ein bisschen von allem oder fokussiere dich auf ein Thema.

5

Seminararbeiten, Bachelorarbeiten und Co.

Ein zentraler Teil eines Studiums ist die Fähigkeit, wissenschaftliche Arbeiten zu verfassen. An einer Hochschule erwarten dich beispielsweise Hausarbeiten, Seminararbeiten, eine Bachelorarbeit und gegebenenfalls auch eine Masterarbeit. All diese Arbeiten erfordern eine detaillierte Auseinandersetzung mit einem bestimmten Thema. Das Endprodukt sollte ein gut strukturierter und im Vergleich zu Klausuren ausführlicher Aufsatz sein.

Auch in der Schule werden bereits eigenständig recherchierte und verfasste Arbeiten eingefordert und bewertet. In Baden-Württemberg gibt es dafür beispielsweise das Konzept einer GFS (Gleichwertige Feststellung von Schülerleistungen), welche eine schriftliche Ausarbeitung und die anschließende Präsentation eines Themas erfordert.[1] Eine solche GFS findet in verschiedenen Schuljahren statt und die Schüler können sie in verschiedenen Fächern erbringen. Ob an der Universität oder an der Schule: All diese Arbeiten sollten wissenschaftlich erarbeitet werden. Was bedeutet das?

»Wissenschaftliches Arbeiten beschreibt ein methodisch-systematisches Vorgehen, bei dem die Ergebnisse der Arbeit für jeden objektiv nachvollziehbar oder wiederholbar sind.

Das bedeutet, Quellen werden offengelegt (zitiert) und Experimente so beschrieben, dass sie reproduziert werden können. Wer eine wissenschaftliche Arbeit liest, kann stets erkennen, auf Grundlage welcher Fakten und Beweise der Autor zu seinen Schlussfolgerungen gelangt ist, auf welche Forschungsergebnisse anderer Wissenschaftler er sich beruft [...] und welche (neuen) Aspekte von ihm sind.«[2]

In der Konsequenz heißt das, dass du dich erst einmal durch das Recherchieren mit deinem Thema auseinandersetzt und mit dem Wissen aus deinen Quellen deine Arbeit schreibst. Es ist normalerweise vorgesehen, dass du sowohl in der Schule als auch an der Universität mehrere Wochen, aber auch Monate zum Schreiben der Arbeit zur Verfügung hast. Solche Arbeiten sind Langzeitprojekte, die du gut planen musst, damit du nicht zum Ende hin unter Zeitdruck gerätst. Eine solche Arbeit kann man nämlich nicht ohne Recherche zum Thema wenige Stunden vor der Deadline schreiben.

In diesem Kapitel schauen wir uns an, wie du deine Zeit für eine wissenschaftliche Arbeit planst und wie du dann Schritt für Schritt anhand deines Zeitplans vorgehst. Dazu gehören das Finden eines geeigneten Themas, das Erstellen deiner Gliederung und das Recherchieren des Themas und natürlich auch das Schreiben der Arbeit selbst. Und selbstverständlich sollte deine Arbeit am Ende den Vorgaben hinsichtlich der Formatierung folgen. Falls du deine Arbeit noch verteidigen musst, schauen wir uns auch das zum Schluss noch an. Eine Verteidigung findet typischerweise bei Bachelor- und Masterarbeiten statt, allerdings ist es nicht an allen Universitäten in allen Fächern verpflichtend. Im Gegensatz zum Präsentationsteil einer GFS ist eine

Verteidigung mehr wie ein Fachgespräch. Daher behandeln wir die Verteidigung auch in diesem Kapitel. Falls du Tipps zum Vorbereiten einer Präsentation als Teil einer GFS oder als eigenständige Leistungsabfrage suchst, findest du diese im nächsten Kapitel.

Erstelle deinen Zeitplan

Für wissenschaftliche Arbeiten, bei denen du eigenständig recherchieren musst, hast du einiges an Zeit zur Verfügung. Das sollte dich aber nicht dazu verleiten, die Arbeit lange vor dir herzuschieben. Meistens brauchst du diese Zeit auch wirklich, um eine gute Arbeit schreiben zu können. Mehrere Monate für eine Seminararbeit klingen vielleicht erst einmal viel. Aber wenn du dir überlegst, wie viel Zeit du tatsächlich für die Arbeit zur Verfügung hast, ist es oft gar nicht mehr so viel. Um herauszufinden, wie viel »Netto-Zeit« du für eine wissenschaftliche Arbeit hast, stelle dir folgende Fragen:

- **Wie voll ist dein Stundenplan in dieser Zeit?**
  Gibt es beispielsweise Tage, an denen du von morgens bis abends in der Schule oder an der Universität bist?
- **Wie viel Zeit musst du fürs Lernen für deine anderen Fächer einplanen?**
  Seminar- und GFS-Arbeiten werden oft neben dem regulären Uni- oder Schulbetrieb, zu dem auch Klausuren gehören, geschrieben. Für Bachelor- und Masterarbeiten hat man, je nach Studienfach und Universität, manchmal ein Semester ohne weitere Vorlesungen, um sich auf diese Arbeit zu konzentrieren. Aber manchmal muss man sie auch neben anderen Vorlesungen schreiben.

→ **Wie viel Zeit hast du noch mit anderen Dingen verplant?** Zum Beispiel für deinen Sport oder andere Hobbys? Hast du sonstige regelmäßige Termine?

Wenn du zum Planen deiner Lernzeit *Calendar Blocking* (siehe Seite 36) verwendest, kannst du mit einem Blick auf deinen Kalender schnell sehen, wie viel Zeit tatsächlich noch für deine Arbeit übrig bleibt. Beim Erstellen deines Zeitplans für deine Arbeit solltest du dieses tatsächliche Zeitkontingent für die Arbeit als Basis für deine Planung vom Start bis zur Deadline verwenden. Das gibt dir ein wesentlich realistischeres Bild, und du kannst auch besser einschätzen, welche Ziele und Deadlines beim Schreiben mit deinem jetzigen Stundenplan vereinbar sind und welche nicht. Eine Woche kann beispielsweise ausreichen, um 30 Seiten zu schreiben. Das hängt auch davon ab, wie schnell du schreiben kannst. Aber realistisch ist dieses Ziel nur, wenn du in dieser Woche freihast und sonst nichts anderes machst. Musst du dagegen in dieser Woche viele Vorlesungen besuchen, eine Klausur schreiben und am Wochenende steht auch noch ein Sportturnier an, dann ist das Ziel wesentlich weniger realistisch. Du musst dir nicht alle Tage herausschreiben, an denen du an deiner Arbeit arbeiten kannst. Es reicht, wenn du deinen Kalender neben dich legst, während du deinen Zeitplan erstellst. So kannst du beim Festlegen jeder Deadline noch mal prüfen, ob das ein realistisches Ziel für dich ist.

WOHIN KOMMT DEIN ZEITPLAN?

Für die Entscheidung, wohin dein Zeitplan kommt (zum Beispiel digital oder sichtbar aufgehangen), gelten dieselben Überlegungen wie beim Lernplan für eine Klausur (siehe Seite 126).

Bei einem Langzeitprojekt wie einer Bachelorarbeit kann es auch Sinn ergeben, sich den Zeitplan als Bildschirmhintergrund auf dem Laptop einzustellen. Ich persönlich fand das immer am besten, denn dadurch hatte ich meine momentanen To-dos für eine wichtige, große Arbeit immer im Blick. Außerdem hat es mich auch beim Aufklappen meines Laptops immer wieder daran erinnert, dass ich daran arbeiten muss.

WIE VIEL ZEIT FÜR WAS?

Hierfür gibt es zwar keine allgemeingültige Formel, aber man kann sich an den von deiner Schule oder Universität empfohlenen Zeiteinteilungen gut orientieren. Das liegt daran, dass sie auf deine spezifische wissenschaftliche Arbeit zugeschnitten sind. Sie werden meist von Personen geschrieben, die sich mit den Bewertungskriterien deiner Arbeit auskennen und schon einiges an Erfahrung mit solchen Arbeiten gesammelt haben. Sie können daher gut einschätzen, wie viel Zeit du für welchen Schritt einplanen solltest. Wenn du von deinen Lehrern oder Dozenten ein Informationsdokument zum Erstellen deiner Arbeit bekommst, solltest du die Informationen darin auch nutzen. An Universitäten gibt es oft auch Schreibzentren und Kurse zum Schreiben von solchen Arbeiten. Diese Angebote kannst du ebenfalls wahrnehmen, um Hilfe bei der Erstellung deiner Arbeit zu bekommen.

Aber ich möchte dir auch meine ganz persönliche Zeiteinteilung für wissenschaftliche Arbeiten vorstellen. Da die Zeit, die man tatsächlich zur Verfügung hat, von Arbeit zu Arbeit variiert, habe ich die Zeit hier in Prozenten angegeben. 100 Prozent entsprechen der gesamten zur Verfügung stehenden Zeit. Wenn du dir unsicher bist, wie viel Zeit von dir als Gesamtarbeitszeit erwartet wird, kannst du dich in der Universität auch an den ECTS-Punkten, die deine Arbeit wert ist, orientieren. Jedem Kurs wird normalerweise ein gewisser Punktewert zugeteilt, den du im Kurskatalog deiner Universität einsehen kannst. Ein ECTS-Punkt (Leistungspunkt nach dem European Credit Transfer System) entspricht einer über das Semester verteilten Arbeitsbelastung von 30 Stunden.[3] Diese würde ich insbesondere für geisteswissenschaftliche Arbeiten wie folgt einteilen:

ARBEITSSCHRITT		ANTEIL VON DER GESAMTZEIT	BEISPIEL: GESAMTZEIT = 37 TAGE
1.	Vorbereitung: Zur Arbeit anmelden, ggf. Betreuer suchen → Thema geben lassen oder → besprechen, welche Themenbereiche infrage kommen	vorab	vorab
2.	Falls keine Forschungsfrage für die Arbeit vorgegeben wird: Grobe Recherche zur Erstellung der Forschungsfrage	≈ 8 %	ca. 3 Tage
3.	Kleine Literaturrecherche zur Beantwortung der Forschungsfrage	≈ 8 %	ca. 3 Tage
4.	Forschungsmethode festlegen	≈ 3 %	ca. 1 Tag
5.	Vorläufige Gliederung erstellen	≈ 3 %	ca. 1 Tag

ARBEITSSCHRITT		ANTEIL VON DER GESAMTZEIT	BEISPIEL: GESAMTZEIT = 37 TAGE
6.	Große Literaturrecherche (je nach Themengebiet: Experimente oder andere empirische/ quantitative Forschung)	≈ 36 %	ca. 13 Tage
7.	Überarbeitung der Gliederung	≈ 3 %	ca. 1 Tag
8.	Erstellung eines detaillierten Schreibplans für deine Gliederungspunkte	≈ 8 %	ca. 3 Tage
9.	Schreiben der Arbeit	≈ 24 %	ca. 9 Tage
10.	Korrekturlesen der Arbeit (inkl. Checken der korrekten Formatierung etc.)	≈ 5 %	ca. 2 Tage
11.	Arbeit drucken lassen (falls vorgegeben)	≈ 3 %	ca. 1 Tag

Für naturwissenschaftliche Arbeiten ist es schwerer, die Prozente zu verteilen, da die Durchführung von Experimenten unterschiedlich viel Zeit in Anspruch nimmt. Es kann sein, dass du ein Experiment über einen langen Zeitraum durchführst, es aber nur wenig Aufwand über diese Zeit beansprucht. Dann ist es möglich, dein Experiment laufen zu lassen und währenddessen schon Teile deiner Arbeit zu schreiben, in diesem Fall etwa den Aufbau des Experiments und den aktuellen Forschungsstand. Auch umfangreiche Datenanalysen in der quantitativen Forschung können mehr Zeit in Anspruch nehmen, genauso wie ein selbst geschriebener Code in IT-nahen Fächern. Ein großer Teil deiner Arbeit wird in solchen Fällen in die eigentliche Forschung fließen.

Trotzdem solltest du aber die anderen Punkte drumherum – wie etwa Forschungsstand und Literaturrecherche – nicht vernachlässigen und sauber bearbeiten. Solltest du für deine Arbeit den Umgang mit neuen Tools lernen müssen (etwa zur Datenauswertung oder zum Programmieren), dann plane dafür vorab unbedingt genug Zeit ein. Nichts ist schlimmer, als zwei Wochen vor Abgabe alle Daten deiner Studie vorliegen zu haben, um dann festzustellen, dass du das Tool zur Auswertung noch nicht bedienen kannst und daher keine Erkenntnisse aus den Daten ziehen kannst.

Die Prozentangaben in der Tabelle basieren auf der Annahme, dass du deine Recherchearbeit vor dem Schreiben fertigstellst. Manche Leute recherchieren gerne erst einen Teil der Arbeit, schreiben dann den jeweiligen Abschnitt und wiederholen diesen Prozess für weitere Teile der Arbeit. Ich würde von dieser Methode abraten, da du mit einer komplett recherchierten Arbeit wesentlich besser voraussehen kannst, was du wo einbaust, und die einzelnen Teile deiner Arbeit fügen sich so auch besser ineinander. Genauso würde ich dir auch davon abraten, neben dem Schreiben zu recherchieren oder gar erst zu schreiben und erst anschließend nach Belegen zu suchen. Ersteres unterbricht deinen Schreibflow immer wieder und macht es schwerer, sich auf das Schreiben an sich zu konzentrieren. Gleichzeitig zu schreiben und zu recherchieren heißt im Endeffekt: Immer wenn du eine nützliche Quelle findest, schreibst du dazu etwas. Oder wann immer dir beim Schreiben die Idee für ein Argument kommt, suchst du dafür nach Belegen. Ein Flow entsteht dabei auch nicht wirklich. Schreiben und anschließend nach Belegen suchen ist keine saubere Form des wissenschaftlichen Arbeitens, weil du das Thema nicht wirklich recherchierst. Stattdessen suchst du lediglich im Nachhinein nach akademischen Belegen für deine Meinung. So setzt du dich jedoch nicht wirklich damit auseinander, wie valide diese Meinungen sind. Vielleicht sind die Quellen inzwischen veraltet und widerlegt Außerdem kann es passieren, dass du bei dieser Methode wichtige Informationen zu deinem Thema übergehst, da du sie ohne eine Recherche des Themas gar nicht kennst. Ich empfehle dir, die in diesem Buch vorgeschlagene Zeiteinteilung auf deine individuellen Stärken und Schwächen anzupassen. Bist du zum Beispiel beim Schreiben besonders langsam? Dann erhöhe den Anteil der Schreibzeit. Liest du sehr schnell und kannst dir schnell Notizen dazu machen? Dann brauchst du vielleicht weniger Recherchezeit.

In den folgenden Unterkapiteln werden wir auf verschiedene Themen wie das Erstellen einer (vorläufigen) Gliederung und das Recherchieren detaillierter eingehen. Jedoch gehen wir nicht auf jeden einzelnen Schritt dieses empfohlenen Zeitplans ein, da manche Schritte sich in der Vorgehensweise sehr ähneln. Die kleine und die große Literaturrecherche nutzen beispielsweise dieselben Methoden, jedoch ist der Aufwand sehr unterschiedlich. Damit dieser Zeitplan jedoch klar für dich ist, findest du hier noch eine kurze Erklärung jedes einzelnen der elf Schritte.

Verfassen wissenschaftlicher Arbeiten

1. VORBEREITUNG

Wenn du weißt, dass eine wissenschaftliche Arbeit ansteht, dann informiere dich am besten frühzeitig, ob – und falls ja, wie – du dich dafür anmelden musst. Bringe auch in Erfahrung, ob du einen Betreuer suchen musst. Manchmal steht der Betreuer bereits von vornherein fest, durch die Wahl des Fachs oder weil er zugeteilt wird. Sobald du weißt, welcher Lehrer oder Dozent deine Arbeit betreut, kannst du mit ihm Rücksprache über das Thema deiner Arbeit halten. Je nach Betreuer und Art der Arbeit wird dir entweder eine Forschungsfrage vorgegeben, oder du musst dir selbst eine suchen. In diesem Fall hilft ein Gespräch mit deinem Betreuer, um einen passenden Themenbereich für diese Art von Arbeit zu finden. Darauf basierend kannst du dann im nächsten Schritt nach deiner genauen Forschungsfrage suchen. Jede Arbeit braucht eine Forschungsfrage, die sie beantwortet. Es reicht also nicht nur ein Thema, sondern es braucht dazu eine konkrete Frage, die du beantwortest. So kann dein Thema beispielsweise der Informationsaustausch im deutschen und europäischen Kartellrecht sein. Deine Forschungsfrage könnte dann lauten: »Nach welchen Grundsätzen richtet sich ein Informationsaustausch unter Wettbewerbern im deutschen und europäischen Kartellrecht?«.

2. FALLS KEINE FORSCHUNGSFRAGE FÜR DIE ARBEIT VORGEGEBEN WIRD: GROBE RECHERCHE ZUR ERSTELLUNG DER FORSCHUNGSFRAGE

Wie findest du die passende Forschungsfrage, wenn sie dir nicht von deinem Betreuer vorgegeben wird? Eine grobe Themenrecherche wird dir dabei helfen. Du kannst beispielsweise noch mal in dein Lehrbuch zu dem Fach und anderen Quellen schauen und dir einen Überblick darüber verschaffen, welche Themen innerhalb deines Themenfeldes debattiert werden oder noch nicht abschließend geklärt sind. In Arbeiten in der Schule oder Universität (außerhalb einer Doktorarbeit) wird nicht von dir verlangt, dass du etwas ganz Neues entdeckst. Aber es wird erwartet, dass du mit dem Wissen aus deinen Quellen eigene Argumente bildest. Deswegen lohnt sich ein Thema, bei dem es noch Inhalte zu debattieren gibt. Wichtig ist, dass du genug Quellen zu deinen offenen Fragen finden kannst. Ansonsten kann der Rechercheprozess schwierig werden.

Deine Forschungsfrage sollte so gestaltet sein, dass du sie ausreichend ausführlich im vorgegebenen Umfang deiner Arbeit beantworten kannst. Wenn das Themenfeld zu komplex ist, überlege dir, ob du deine Forschungsfrage noch spezifischer machen kannst. Normalerweise kannst du deine Ideen für eine Forschungsfrage mit deinem Betreuer besprechen. Er wird dir dabei helfen, die Frage spezifischer zu machen, und kann dich auch dazu beraten, ob die Frage im vorgesehenen Umfang der Arbeit beantwortet werden kann oder nicht.

3. KLEINE LITERATURRECHERCHE ZUR FORSCHUNGSFRAGE

Sobald du deine Forschungsfrage gefunden hast, folgt die kleine Literaturrecherche. Hier schaust du nicht mehr nach möglichen Themen, sondern du recherchierst nur noch im Hinblick auf die Antwort auf deine Forschungsfrage. Das Ziel dieser Phase ist es, dir einen Überblick über das bereits Geschriebene im Zusammenhang mit deiner Forschungsfrage zu verschaffen und zu sehen, welche Argumente du nutzen könntest, um die Frage zu beantworten. Du brauchst noch kein detailliertes Wissen zu den einzelnen Argumenten, aber du verschaffst dir einen Überblick über dein nun definiertes Thema.

4. FORSCHUNGSMETHODE FESTLEGEN

Sobald du weißt, welche Quellen dir zur Verfügung stehen, legst du deine Forschungsmethode fest. Wie wirst du vorgehen, um deine Forschungsfrage zu beantworten? Wirst du beispielsweise zu einem rechtlichen Thema die richterliche Praxis auswerten? Oder wirst du zu einem biologischen Thema ein Experiment durchführen, welches ein bereits durchgeführtes Experiment repliziert, aber noch weitere Faktoren berücksichtigt? Zu einem psychologischen Thema eine Studie designen und durchführen, um eine in der Literatur aufgestellte Vermutung zu testen?

5. VORLÄUFIGE GLIEDERUNG ERSTELLEN

Ziel dieses Arbeitsschrittes ist es, deine Arbeit zu strukturieren. Welche einzelnen Gliederungspunkte werden wichtig sein? Es kann gut sein, dass du diese Gliederung später noch abänderst, weil du vielleicht noch bessere Argumente oder andere inhaltlich relevante Aspekte findest. Durch deine kleine Literaturrecherche hast du bereits einen guten Überblick über das Thema bekommen und kannst vorläufig schon einmal grob festhalten, wie du zum jetzigen Zeitpunkt die Forschungsfrage beantworten würdest.

6. GROSSE LITERATURRECHERCHE

Deine vorläufige Gliederung gibt dir die Richtung für deine weiteren Recherchen vor. Nun ist das Ziel, mehr Details zu den einzelnen Gliederungspunkten zu finden. Sei auch offen für neue Informationen, die vielleicht dafür sorgen, dass du deine Gliederung ändern möchtest.

7. ÜBERARBEITUNG DER GLIEDERUNG

Solltest du deine Gliederung noch ändern wollen, tust du das in diesem Schritt. Du kannst auch immer wieder während der großen Literaturrecherche über deine Gliederung schauen und sie gegebenenfalls laufend updaten.

8. ERSTELLEN EINES DETAILLIERTEN SCHREIBPLANS FÜR DEINE GLIEDERUNGSPUNKTE

Sobald du eine finale Gliederung hast, erstellst du dir einen Schreibplan. Er ist deine Landkarte zum Schreiben. Wie detailliert du deinen Schreibplan machst, bestimmst du selbst. Dein Schreibplan sollte aber auf jeden Fall enthalten, welche Argumente oder andere Inhalte du an welcher Stelle anführen möchtest. Je nachdem, wie gut du darin bist, aus kleinen Stichpunkten ganze Argumente zu entwickeln, kannst du entweder ausführliche oder weniger ausführliche Stichpunkte führen. Dasselbe gilt für das Heraussuchen deiner Quellen. Du kannst dir nur ein paar Stichpunkte machen und dann während des Schreibens immer wieder in deine Notizen zu deinen Quellen für Zitate schauen. Oder du hinterlegst bereits alle Zitate in deinen Schreibplan, die du später verwenden wirst. Ich würde dir zu Letzterem raten, da du dann während des Schreibens nicht ständig nach Zitaten suchen musst und dich somit besser auf das Schreiben konzentrieren kannst. Damit du dir ein besseres Bild von einem Schreibplan machen kannst, ist hier ein recht detailliertes Beispiel der Einleitung eines Schreibplans:

TEIL DER ARBEIT	INHALT	FUSSNOTE
1. Einleitung	Informationsaustausch = Randthema mit neu gewonnener Relevanz	Rahlmeyer in FK, Art. 101 AEUV, Fallgruppen II., 6., Rn. 1.
	Fallbeispiel	BKartA, Fallbericht Bußgeldverfahren gegen Hersteller von Drogerieartikeln v. 14.6.2013, B11-17/06.
	Neue Entwicklung in dem Bereich: Horizontal-Leitlinien der Kommission, in denen »bewusst … kein ›sicherer Hafen‹ mehr eröffnet wird«	Rahlmeyer in FK, Art. 101 AEUV, Fallgruppen II., 6., Rn. 2.
	Fragestellung & Forschungsmethode	
	Inhaltsübersicht	
	Themeneingrenzung: keine Gruppenfreistellungsverordnungen	

Ohne die Arbeit inhaltlich zu kennen, kann man mit einem Schreibplan meist recht wenig anfangen. Das ist aber auch in Ordnung – wichtig ist nur, dass du als Autor den Plan verstehst. Solange du bei jedem Stichpunkt weißt, was du damit meinst und dazu schreiben sollst, ist es ein guter Plan. Achte daher darauf, dass dein Plan ausführlich genug ist, um dich an alle wichtigen Dinge, die in deine Arbeit hineinsollen, zu erinnern. Je nach Autor könnte der oben stehende Plan auch um einiges kürzer sein. Du kannst dir beispielsweise auch einfach deine für einen Abschnitt relevanten Quellen und Zitate in deinen Recherchenotizen mit einer bestimmten Farbe markieren. So musst du diese Informationen nicht noch in deinen Schreibplan kopieren. Wenn dir jedoch ein genauer Plan beim Schreiben hilft, kann ein detaillierter Plan wie dieser eine gute Option sein. Die Details zu verschiedenen Quellen kannst du einfach aus deinen Recherchenotizen herauskopieren, damit du den Plan schneller erstellen kannst.

9. SCHREIBEN DER ARBEIT

Wenn dein Schreibplan steht, geht es nun daran, diesen Plan umzusetzen. Hier formulierst du alle Punkte deines Schreibplans aus.

10. KORREKTURLESEN DER ARBEIT (INKL. CHECKEN DER KORREKTEN FORMATIERUNG ETC.)

Nachdem du alles ausformuliert hast, solltest du noch einmal über alles Geschriebene schauen und es auf Kommasetzung, Formatierung, gute Lesbarkeit und weitere Formalitäten prüfen.

11. ARBEIT DRUCKEN LASSEN (FALLS VORGEGEBEN)

Vergiss nicht, dir ausreichend Zeit zum Drucken (und gegebenenfalls Binden) deiner Arbeit einzuplanen. Am besten fragst du bereits am Anfang deines Arbeitsprozesses bei Druckereien in deiner Nähe an, wie viel Zeit sie für das Drucken benötigen. Je nachdem, wo du es drucken lässt und ob die Arbeit beispielsweise noch gebunden werden muss, kann es länger dauern. Meistens kannst du die Arbeit jedoch direkt ausgedruckt mitnehmen. Falls du die Arbeit nur digital einreichen musst, fällt dieser Schritt weg.

Wir schauen uns nun nacheinander verschiedene Teile dieses Arbeitsplans detaillierter an:

Themenfindung

Falls dir keine Forschungsfrage für deine wissenschaftliche Arbeit von deinem Betreuer vorgegeben wird, musst du selbst eine finden. Eine gute Forschungsfrage muss zum vorgegebenen Umfang deiner Arbeit passen und du musst in der Lage sein, die Frage in der vorgegebenen Zeit bearbeiten und die Arbeit schreiben zu können. Was bedeutet das genau?

PASST DEINE FORSCHUNGSFRAGE ZUM UMFANG DEINER ARBEIT?

Je nachdem, welche Art von wissenschaftlicher Arbeit du schreibst, wird ein anderer Umfang als auch eine andere Tiefe erwartet. Wie lang deine Arbeit sein soll, wird dir normalerweise von der Schule, Universität oder individuell von deinem Betreuer vorgegeben. Arbeiten in der Schule sind in den allermeisten Fällen kürzer als Arbeiten an der Universität. Du solltest bei der Auswahl deiner Forschungsfrage also darauf achten, dass du sie in dem vorgegebenen Umfang und im veranschlagten Zeitraum beantworten kannst.

Selbstverständlich kannst du nicht von Beginn an mit Sicherheit sagen, wie viele Wörter du genau schreiben wirst. Aber wenn du beispielsweise weißt, dass deine Arbeit einen Umfang von 60 Seiten haben soll, dann wähle bitte keine Forschungsfrage, zu der du nicht mehr als zwei Seiten schreiben könntest. Dein Thema sollte also nicht zu nischig sein, aber auch nicht zu weitreichend. Eine zu weite Forschungsfrage ist auch ein Problem, da du dich dann lediglich oberflächlich mit ihr auseinandersetzen kannst. Ziel solcher Arbeiten ist aber eine angemessene, detaillierte wissenschaftliche Auseinandersetzung. Nach einer kleiner Literaturrecherche solltest aber abschätzen können, wie viel du zu einer Forschungsfrage schreiben könntest. Denn dann weißt du, ob es ausreichend Quellen zu dem Thema der Frage gibt, mit denen du dann verschiedene Argumente bilden kannst. Während deiner kleinen Literaturrecherche solltest du dir auch schon Notizen machen, damit du die Quellen aus deiner vorläufigen Recherche nicht erneut bei der großen Literaturrecherche lesen musst. (Mehr zum Erstellen von Recherche-Notizen während des Lesens findest du ab Seite 194.)

Je nach Art der Arbeit wird auch eine andere Thementiefe erwartet, die deine Forschungsfrage abdecken sollte. Als Faustregel gilt: Je höher der Bildungsabschluss, für welchen du die Arbeit schreibst, desto mehr Tiefe wird erwartet. Eine GFS in der siebten Klasse hat nicht denselben Anspruch wie eine Masterarbeit. Die Erwartungen kannst du grob daran erkennen, wie die Arbeit für diesen Bildungsabschluss gewichtet wird. Eine Seminararbeit zählt wesentlich weniger als die Bachelorarbeit und hat daher einen niedrigeren Anspruch an Thementiefe. Den Erwartungshorizont siehst du in den Informationen deiner Schule oder Universität zu der jeweiligen Prüfungsart. Er sagt dir, welche Skills des wissenschaftlichen Arbeitens du in deiner Arbeit demonstrieren musst, um eine sehr gute Bewertung zu erhalten. Du solltest deine Forschungsfrage so wählen, dass sie dir erlaubt, genau diese Skills zu zeigen. Sehen wir uns ein Beispiel für den Prüfungshorizont an. In meinem Masterprogramm gab die Studien- und Prüfungsordnung folgenden Erwartungshorizont für die Masterarbeit vor:

»Mit der [...] zu erstellenden Masterarbeit soll der Kandidat oder die Kandidatin seine **Befähigung zu vertiefter wissenschaftlicher Beschäftigung mit einem ausgewählten Rechtsproblem** nachweisen.«[4] *(Hervorhebung hinzugefügt)*

Die (von mir) gefetteten Teile geben Hinweise darauf, was von den Masterstudenten in der Arbeit erwartet wird. Der Erwartungshorizont ist vage formuliert. Du kannst aber bereits hier erkennen, dass deine Auseinandersetzung mit verschiedenen rechtswissenschaftlichen Quellen (also eine »vertiefte wissenschaftliche Beschäftigung«) der wichtigste Bewertungspunkt sein wird. Du musst also demonstrieren, dass du zu einem Thema nicht nur ausreichend viele passende Quellen finden kannst, sondern diese auch auswerten, analysieren und gegebenenfalls auch kritisieren kannst.

An der Universität ist es üblich, dass Erwartungshorizonte recht vage gehalten werden. In der Schule erläutern die Lehrer meist genauer, wie sie sich eine solche Arbeit vorstellen. Jedoch kannst du in beiden Fällen anhand von Beispielen von bereits bewerteten Arbeiten sehen, wie dieser Bewertungsstandard in der Praxis angewendet wird. Alte Bachelor- und Masterarbeiten werden manchmal veröffentlicht, oder man kann bei den Betreuern nachfragen, ob sie Beispielarbeiten zur Verfügung stellen. In der Schule bekommt man von den Lehrern oft recht präzise Beispiele für gute und schlechte Arbeiten, aber man kann sich auch eine ganze bereits bewertete Arbeit von Mitschülern geben lassen.

KANNST DU DEINE FORSCHUNGSFRAGE IM VORGEGEBENEN ZEITRAUM BEARBEITEN?

Deine Forschungsfrage sollte nicht nur den passenden Umfang und die passende Tiefe aufweisen, sondern auch in der vorgegebenen Zeit bearbeitbar sein. Achte also darauf, dass du dich in dem vorgegebenen Zeitraum in das Thema einarbeiten, die nötigen Quellen sichten und die Arbeit schreiben kannst. Ein Thema kann den richtigen Umfang haben, aber trotzdem nicht in der vorgegebenen Zeit zu bearbeiten sein. Zum Beispiel, wenn du dir in Geschichte ein Thema zur Französischen Revolution aussuchst und der Großteil deiner Quellen auf Französisch ist, du aber kein Französisch sprichst. Das Thema an sich könnte vom Umfang passend für deine Arbeit sein, aber wenn du es nicht schaffst, innerhalb der Zeit für deine Arbeit die Quellen auch zu übersetzen, dann ist das Thema trotzdem nicht gut gewählt.

Verfügst du über Vorwissen, kannst du besser einschätzen, ob deine Forschungsfrage in der vorgegebenen Zeit zu bearbeiten ist. Wenn du dich schon ein bisschen in dem Thema auskennst oder zumindest weißt, wo du recherchieren kannst, dann hilft das sehr. Ich habe meine Masterarbeit beispielsweise im Kartellrecht geschrieben und kannte durch einen Kurs, den ich belegt hatte, bereits verschiedene Recherche-Seiten zu kartellrechtlichen Themen. Bei einer Arbeit zum Thema »Internetrecht« hätte ich mir das Wissen zu diesem Rechtsgebiet erst einmal aneignen müssen. Dazu gehören zum Beispiel Kenntnisse davon, welche Journals führend auf diesem Rechtsgebiet sind, welche Blogs nützlich sind, wo man nach behördlichen Veröffentlichungen in diesem Bereich schauen sollte und mehr. All das ist nicht unmöglich zu lernen und herauszufinden, nimmt aber Zeit in Anspruch.

Diese solltest du bei einem für dich eher neuen Themengebiet zusätzlich einplanen. In der Universität kannst du dich für solche Fragen an Mitarbeiter des Lehrstuhls deines Betreuers wenden. In der Schule wendest du dich mit themenspezifischen Recherchefragen am besten direkt an deinen betreuenden Lehrer.

WIE KOMMST DU AN DEINE FORSCHUNGSFRAGE?

Nun wissen wir, welche Charakteristiken deine Forschungsfrage ausmachen sollten. Aber wie findest du nun eine Forschungsfrage, die diese Kriterien erfüllt? Weder als Schüler noch als Student wirst du dabei nicht vollkommen allein gelassen. Nicht selten wird von dir erwartet, dass du selbst Vorschläge machst, jedoch wird dein Betreuer dir Feedback dazu geben.

Du solltest darauf achten, dass du gute Vorschläge für Forschungsfragen machst. Das zeigt deinem Betreuer einerseits, dass du dich anstrengst, und erhöht somit seine Hilfsbereitschaft. Andererseits sorgst du dafür, dass deine finale Forschungsfrage sich auf ein Thema fokussiert, das dich tatsächlich interessiert. Es ist wesentlich leichter, etwas zu recherchieren, das dich tatsächlich interessiert, als an etwas zu arbeiten, das dir keinen Spaß macht. Natürlich musst du hin und wieder auch in den sauren Apfel beißen und Arbeiten schreiben, die du nicht so spannend findest. Aber wenn du dir die Frage aussuchen kannst, kannst du auch dann zumindest das kleinste Übel wählen.

Für die Wahl möglicher Forschungsfragen führst du am besten eine kleine Literaturrecherche durch. Wie du deine Quellen finden und deine Recherche dokumentieren kannst, wird ab Seite 186 ausführlicher behandelt. Jetzt fokussieren wir uns erst einmal auf das Ziel deiner kleinen Literaturrecherche, welchen Umfang sie haben sollte und wie du sie durchführst. Eine kleine Literaturrecherche ist dafür da, dich thematisch für deine Arbeit zu orientieren. Am Ende hast du einen oder mehrere Vorschläge für eine Forschungsfrage. Dein Ziel ist es nicht, diese Fragen bereits detailliert beantworten zu können. Du solltest jedoch genug Quellen überflogen haben, um abschätzen zu können, ob du genug zu dieser Forschungsfrage schreiben kannst.

Falls du noch nicht gut mit den möglichen Themen deiner Arbeit vertraut bist, bietet es sich an, dass du dich zu Beginn an deinen Kursmaterialien oder einem Lehrbuch orientierst. Dabei kannst du dir einen Überblick über wichtige Fachbegriffe und das Thema ganz allgemein verschaffen. Diese Begriffe kannst du dann als Suchbegriffe verwenden, um nach Quellen zu verschiedenen Unterthemen zu suchen. So findest du heraus, welche Debatten dazu geführt wurden und werden, und dir so eine Forschungsfrage erarbeiten. Vielleicht hast du nach dem Lesen des Lehrbuchs auch schon einige Ideen. Dann kannst du die kleine Literaturrecherche von Anfang an gezielter anwenden und direkt nach Quellen zu diesen Ideen suchen. So findest du heraus, ob die Quellenlage ausreichend ist.

Bei einer kleinen Literaturrecherche sichtest du Quellen eher, als dass du sie analysierst. Das bedeutet: Du fokussierst dich nur darauf, ob die Quelle nützlich ist und was sie ganz allgemein aussagt. Es geht nicht darum, sie im Detail zu analysieren und gegebenenfalls schon zu kritisieren. Die Ausnahme ist, falls du deine Forschungsfrage nach einer Quelle ausrichten möchtest. Dies wäre der Fall, wenn du beispielsweise die Forschungsfrage wählst, ob die von Forscher X aufgestellte These in seinem Artikel von 2014 auch noch im Licht der neuen Rechtsprechung zu dem Thema aufrechterhalten werden kann oder nun doch verworfen werden muss.

Auch wenn du die Quellen lediglich grob sichtest, solltest du dir dabei unbedingt Notizen machen und zumindest die Links und Büchereiplätze deiner Quellen aufschreiben, damit du sie wiederfinden kannst. Ein kurzer Vermerk zum Inhalt kann dir später bei deiner großen Literaturrecherche die Entscheidung erleichtern, ob sich diese Quelle für deine finale Forschungsfrage zu lesen lohnt. Schreibe dir während des Lesens auch jegliche Ideen für Forschungsfragen auf. Die meisten wirst du am Ende vermutlich wieder verwerfen, aber so verlierst du keine guten Ideen.

Um während des Lesens von Quellen auf Ideen für Forschungsfragen zu kommen, gehst du folgendermaßen vor:

- Brainstorme vor dem Sichten der Quellen, welche Themen – und gegebenenfalls auch schon Fragen – du dir für deine Arbeit vorstellen kannst. Das geht natürlich nur, wenn du dich schon ein bisschen in dem relevanten Themenfeld auskennst. Dies ist meistens der Fall, da du zwar oft nicht direkt über ein Thema des Lehrplans schreibst, jedoch über ein damit verbundenes oder verwandtes Thema. Oft tauchst du in Arbeiten auch einfach nur tiefer in die Themen ein als im Lehrplan vorgesehen. Während des Lesens deiner Quellen kannst du diese Themen und Fragen im Hinterkopf behalten, ergänzen und danach sortieren, welche Fragen gut und welche weniger gut passen.

→ Wenn dir das anfängliche Brainstorming schwerfällt, kannst du eine weitere Methode ausprobieren: das *Clustern.*

CLUSTERN

Beim *Clustern* erstellst du eine Mindmap aus Assoziationsketten. Du fängst also mit einem Thema an und überlegst dann, was du mit diesem Begriff verbindest. Falls dir nichts mehr dazu einfällt, beginnst du wieder von vorne bei deinem Ausgangsthema.[5]

Ein Cluster mit drei Assoziationsketten (also drei Durchläufen, bis einem nichts mehr eingefallen ist) kann zum Beispiel so aussehen:

- → **Frage dich beim Lesen:**
  Ist diese Theorie oder These kontrovers? Falls ja, könnte ich dazu Stellung beziehen?
- → **Gibt es Unklarheiten zu einem Thema?**
  Wenn es beispielsweise in Geschichte eine Debatte dazu gibt, welche Faktoren ein bestimmtes Ereignis ausgelöst haben, könntest du die verschiedenen Theorien bewerten und dazu überlegen, nach welchen Kriterien du sie als gut oder weniger gut beurteilst. Dementsprechend könntest du dann eine Aussage darüber treffen, welche Theorien das Event am besten erklären.
- → **Werden in einer Arbeit noch Dinge erwähnt, die man weiter untersuchen könnte?**
  Meistens wird am Ende von Arbeiten ein Ausblick gegeben, und dort kannst du ebenfalls Inspiration finden.
- → **Wurde in den Vorlesungen ein Thema erwähnt, das zwar interessant ist, aber nicht im Lehrplan behandelt wird?**
  Du kannst auch danach suchen. Oft geben Lehrer und Dozenten in ihren kurzen Ausblicken über solche Randthemen auch einen schnellen Überblick über die Kernproblematik dieser Themen. Wenn du dir zu solchen Bemerkungen Notizen machst, ist das nie verkehrt.
- → **Während du dich in ein Thema einliest, erstelle eine Mindmap mit den wichtigsten Informationen.**
  Dadurch kannst du nach dem Lesen einiger Quellen leichter sehen, ob manche Theorien miteinander vereinbar sind und wo noch Unklarheiten bestehen. Um deine Mindmap noch nützlicher zu machen, kannst du unterschiedliche Gestaltungsoptionen nutzen:

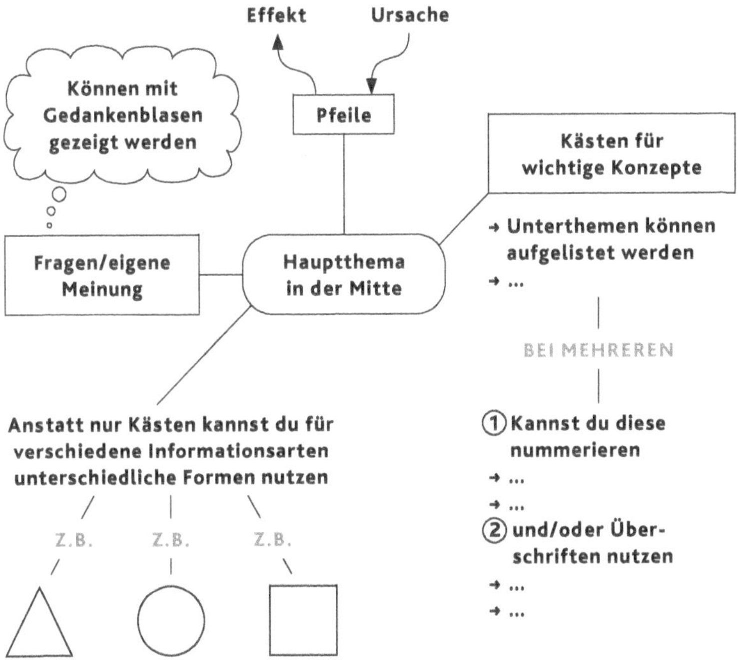

- **Stelle dir zu einzelnen Unterthemen Fragen:**
  Wie? Warum? Wer? Wodurch? Wann? So kannst du erkennen, ob du beispielsweise ein potenzielles Problem in einer Theorie siehst oder ob du die Theorie vielleicht noch auf weitere Fälle anwenden könntest.

Das Finden einer Forschungsfrage ist nicht zwingend ein linearer Prozess. Es kann gut sein, dass du nach deinen ersten Forschungsfragen-Vorschlägen und einem Gespräch mit dem Betreuer noch mal zurück zur kleinen Literaturrecherche gehen musst. Aber sobald du eine finale Forschungsfrage gefunden hast, kannst du dich dann daranmachen, deine vorläufige Gliederung zu erstellen.

Deine (vorläufige) Gliederung

Es mag vielleicht seltsam klingen, bereits vor einer detaillierten Literaturrecherche eine Gliederung zu erstellen, aber dieser Schritt kann dir tatsächlich bei der großen Literaturrecherche helfen. Eine vorläufige Gliederung ist wahrscheinlich noch nicht endgültig – du kannst sie jederzeit während deiner großen Literaturrecherche und auch noch danach ändern. Da du dir aber während deiner kleinen Literaturrecherche bereits Gedanken dazu gemacht hast, ob du genug zu deiner Forschungsfrage schreiben könntest, hast du vermutlich zu diesem Punkt schon eine grobe Vorstellung davon, wie deine Gliederung aussehen sollte. Für das Erstellen einer vorläufigen Gliederung solltest du dir eine Frage stellen: Welche Aspekte würdest du erwähnen, wenn du einem deiner Freunde in einer Unterhaltung einen Überblick über deine Arbeit geben möchtest? Genau das sind deine Gliederungspunkte. Es sind alle Haltestellen, die jemand durchlaufen muss, um deine Antwort auf die Forschungsfrage zu verstehen. Typischerweise hat eine wissenschaftliche Arbeit folgende Struktur:

1. Deckblatt (nicht als Gliederungspunkt aufgeführt)
Das Deckblatt enthält alle wichtigen Informationen zu deiner wissenschaftlichen Arbeit (zum Beispiel Titel, Autor, Fachbereich und Forschungsfrage).

2. Inhaltsverzeichnis/Gliederung (nicht als Gliederungspunkt aufgeführt)
Hier listest du deine Gliederung mit allen inhaltlichen Punkten auf. In den meisten Textverarbeitungsprogrammen (wie Microsoft Word) kannst du dein Inhaltsverzeichnis automa-

tisch erstellen und somit die Seitenzahlen auch automatisch aktualisieren lassen.

3. Abkürzungsverzeichnis (falls benötigt), gegebenenfalls mit einem Tabellen- und Abbildungsverzeichnis

Dies kann auch am Ende deiner Arbeit stehen, aber da man vor dem Durchlesen die Abkürzungen kennen sollte, macht es vorne mehr Sinn.

In ein Abkürzungsverzeichnis kommen alle Abkürzungen, die du in deiner Arbeit nutzt (wie »z. B.« für »zum Beispiel« oder »EuGH« für »Europäischer Gerichtshof«). Dies können auch Abkürzungen sein, die du beispielsweise für verschiedene Journals in den Fußnoten verwendest.

Ein Tabellenverzeichnis listet deine Tabellen mit ihren Bezeichnungen und den Seitenzahlen, auf denen man sie findet. Dieses Verzeichnis kannst du ebenfalls von Word erstellen lassen.

Dein Abbildungsverzeichnis ähnelt im Prinzip dem Tabellenverzeichnis, nur für Abbildungen.

4. Einleitung

Hier führst du den Leser zum Thema deiner Arbeit hin. Du kannst deine Forschungsfrage auch zeitlich oder räumlich eingrenzen. Hier sollte der Leser auch deine Forschungsmethode finden, die du kurz nennst.

5. Hauptteil: Forschungsstand, -ergebnisse und Diskussion

In diesem Teil stellst du dar, was zu deiner Forschungsfrage bereits bekannt ist (Forschungsstand), sprichst gegebenenfalls über deine Forschung (zum Beispiel dein Experiment) und die Methodik, anschließend präsentierst du deine Forschungsergebnisse und diskutierst diese. Je nach Forschungsfrage und Fach kann es sein, dass dieser Teil keine wirklichen Forschungsergebnisse hat, sondern stattdessen eine größere Diskussion von Argumenten ist. Insbesondere in den Geisteswissenschaften ist das üblich.

In naturwissenschaftlichen Fächern, aber auch beispielsweise in Fächern wie Psychologie, ist dies jedoch auch der Platz, um dein Experiment genauer zu beschreiben. Das unterscheidet sich von der Forschungsmethode aus der Einleitung wie folgt: Deine Forschungsmethode ist zum Beispiel die Durchführung eines Experiments mit drei Fragen an Probanden zwischen 21 und 25 Jahren. Im Hauptteil gehst du nun noch wesentlich detaillierter auf den Aufbau des Experiments ein: Wie wurden die Probanden ausgewählt? Wie groß war die Gruppe der Teilnehmenden? Welche soziodemografischen Faktoren gab es innerhalb der Stichprobe? Wie wurden die Daten ausgewertet? Hier solltest du neben diesen Details zu deiner Forschung auch darauf eingehen, wie dein Experiment zu kategorisieren ist. Handelt es sich beispielsweise um eine qualitative oder quantitative empirische Forschung? Gehst du induktiv oder deduktiv vor? Je nach Art der Arbeit, Fach und Prüfer kann es sein, dass du auf diese Dinge mehr oder weniger eingehen sollst. Falls du für die Erstellung der Arbeit Guidelines bekommen hast, können die dir dabei helfen, zu entscheiden, wie viel du zu diesen Fragen schreibst.

6. Schluss

Am Schluss sollte die Forschungsfrage deiner Arbeit beantwortet werden. Des Weiteren kannst du auf weitere Forschungsthemen, die sich aus dem Ergebnis deiner Arbeit ergeben, verweisen. Hier kannst du auch die Relevanz deiner Antwort herausstellen.

7. Literaturverzeichnis

Das Literaturverzeichnis kann auch vor die Einleitung gestellt werden, steht aber in der Regel am Ende der Arbeit. Es enthält alle Quellen, die du in deiner Arbeit in deinen Fußnoten zitiert hast. Dieses Verzeichnis gibt dem Leser einen Überblick darüber, welche Quellen du benutzt hast. Im Gegensatz zu deinen Fußnoten ist die Angabe deiner Quellen hier jedoch allgemeiner. Zum Beispiel werden im Literaturverzeichnis normalerweise nicht die Seitenzahlen der zitierten Quellen angegeben. Diese Informationen findet der Leser in deinen Fußnoten.

8. Anhang (falls vorhanden)

Wenn du in deiner Arbeit auf einen Anhang verweist, sollte der Leser diesen am Ende deiner Arbeit finden können. Ein Anhang kann beispielsweise ein Transkript eines Interviews sein, das du für deine Arbeit geführt hast. Diese Quelle wäre für den Leser ohne das Transkript im Anhang nicht überprüfbar. Da du wissenschaftlich arbeitest, musst du deine Quellen transparent machen. Und dazu gehört, solche sonst unzugänglichen Quellen in den Anhang zu packen.

9. Gegebenenfalls Redlichkeitserklärung

Falls für deine Arbeit erforderlich, kannst du diese Erklärung ans Ende deiner Arbeit stellen. Mit dieser Erklärung versicherst du, dass du die Arbeit eigenständig erstellt und Quellen entsprechend gekennzeichnet hast.

In der Praxis kann eine solche Struktur in einer Gliederung dann beispielsweise so aussehen:

Inhaltsverzeichnis
Abkürzungsverzeichnis
1. Einleitung
2. Informationsaustausch unter Wettbewerbern
- **2.1. Definition**
- **2.2. Art des Informationsaustauschs**
  - **2.2.1. Unselbstständiger und selbstständiger Informationsaustausch**
  - **2.2.2. Vertikaler und horizontaler Informationsaustausch**
- **2.3. Gesetzliche Regelung**
  - **2.3.1. Beziehung des Unionsrechts und des Deutschen Rechts**
  - **2.3.2. Art. 101 AEUV und § 1 GWB**

3. Grundsätze für den Informationsaustausch unter Wettbewerbern
- **3.1. Selbstständigkeitspostulat und Geheimwettbewerb**
  - **3.1.1. Ausschaltung durch Informationsaustausch**
  - **3.1.2. Beteiligung**
- **3.2. Wettbewerbsbeschränkung**
  - **3.2.1. Wettbewerbsbeschränkender Zweck**
  - **3.2.2. Wettbewerbsbeschränkende Wirkung**
- **3.3. Freistellungskriterien**
  - **3.3.1. Effizienzgewinne**
  - **3.3.2. Unerlässlichkeit**
  - **3.3.3. Weitergabe an Verbraucher**
  - **3.3.4. Keine Ausschaltung des Wettbewerbs**
- **3.4. Tatbestandsrestriktionen**
  - **3.4.1. Immanenzgedanke**
  - **3.4.2. Markterschließungsdoktrin und Arbeitsgemeinschaftsgedanke**
- **3.5. Betrachtung des Einzelfalles (am Beispiel von Informationsarten)**
  - **3.5.1. Austauschpflichtige Informationen**
  - **3.5.2. Öffentliche Informationen**

4. Schluss
Literaturverzeichnis
Redlichkeitserklärung

Das ist die Gliederung meiner Masterarbeit, die sich mit den Grundsätzen für die kartellrechtliche Bewertung eines Informationsaustauschs unter Wettbewerbern im deutschen und europäischen Kartellrecht beschäftigt hat. Auch wenn du dich in dem Thema nicht auskennst, kannst du an der Struktur ablesen, wie ich die Frage nach den geltenden Grundsätzen beantwortet habe. Nach meiner Einleitung habe ich unter Punkt 2 einige wichtige Aspekte erklärt, und dann habe ich in Punkt 3 fünf Grundsätze für einen solchen Informationsaustausch genannt.

Wie dir vielleicht aufgefallen ist, gibt es in dieser Gliederung keine wirklichen Forschungsergebnisse. Das liegt an der Forschungsmethode. Sie hat zum Ziel, die Literatur und Fälle auszuwerten und daraus die Grundsätze herauszuarbeiten. Es gibt also keine wirklichen Forschungsergebnisse zu zeigen. Das wäre anders, wenn ich in meiner Masterarbeit beispielsweise ein Experiment durchgeführt hätte. Je nach Fach und wie du das Thema behandelst, wird deine Gliederung daher von der allgemeinen Formel abweichen.

Deine vorläufige Gliederung kann dir als eine Art To-do-Liste für deine weitere Recherche dienen. Auch wenn du sie noch abänderst, wird sie dir anfangs helfen, deine Recherche in verschiedene Richtungen zu lenken. Während du deine vorläufigen Gliederungspunkte recherchierst, wirst du möglicherweise einen oder mehrere Gliederungspunkte ersetzen, etwas hinzufügen oder auch ersatzlos streichen. Wie du beim Recherchieren vorgehen solltest, schauen wir uns im nächsten Kapitel an.

Recherchieren – wo, wie und wann hast du genug getan?

Damit du deine Arbeit mit ausreichend Informationen unterfüttern kannst, musst du eine gute Literaturrecherche durchführen. Im Gegensatz zum Unterricht und zu Vorlesungen, wo die zu behandelnden Themen vorgegeben werden, entscheidest du bei einer wissenschaftlichen Arbeit allein, wie weit du dein Thema recherchierst, welche Unterthemen relevant sind und welche nicht. Da dir nicht vorgegeben wird, welche Unterthemen und Argumente du in deiner Arbeit behandeln sollst, musst du dir beim Recherchieren selbst erarbeiten, nach welchen Begriffen du suchst und welche Quellen du verwendest. Daher schauen wir uns nun nacheinander an, worauf du bei der Literaturrecherche achten solltest und wie du sie durchführst.

WELCHE QUELLEN SIND GUT?

Bei einer wissenschaftlichen Arbeit ist es wichtig, dass du vertrauenswürdige Quellen nutzt. Das typische Beispiel für eine Quelle, die man in deinen Fußnoten nicht finden sollte, ist Wikipedia. Das liegt daran, dass dort jeder Informationen platzieren kann, ohne dass die Bearbeitungen auf Richtigkeit geprüft werden. Anders sieht es bei sogenannten *Peer-reviewed Journals* aus. Diese wissenschaftlichen Magazine enthalten Artikel, die von anderen fachkundigen Wissenschaftlern gegengelesen wurden. Lehrbücher werden ebenfalls auf ihre fachliche Richtigkeit überprüft.

Bei der Bewertung einer Quelle solltest du dich stets fragen, wie vertrauenswürdig sie ist. Das kannst du beispielsweise an folgenden Faktoren festmachen:

→ **Woher stammt die Quelle?**
Handelt es sich beispielsweise um eine Veröffentlichung einer Bundesbehörde oder lediglich um eine Veröffentlichung eines Bloggers? Letztere Quelle hat eine ähnliche Schwäche wie Wikipedia: Der Blogger kann alles posten, ohne dass seine Inhalte geprüft werden. Daher solltest du von der Verwendung einer solchen Quelle absehen.

→ **Ist die Quelle ein Produkt einer wissenschaftlichen Arbeitsweise?**
Das erkennst du beispielsweise daran, dass die Arbeit ebenfalls mit Quellenangaben arbeitet und dass Behauptungen belegt werden. Generell solltest du nur mit solchen Quellen in deinen eigenen wissenschaftlichen Arbeiten arbeiten, jedoch gibt es Ausnahmen. Es kann auch sein, dass du für deine Arbeit absichtlich nach nicht wissenschaftlichen Quellen suchst. Dies wäre zum Beispiel der Fall, wenn du in deiner Arbeit Hassrede in Tweets im Kontext der US-Präsidentschaftswahlen von 2016 analysieren möchtest. Die Tweets, die du für diese Analyse benötigst, sind größtenteils ganz sicher nicht wissenschaftlich. Daneben würdest du aber auch wissenschaftliche Quellen zitieren, die deine Analyse unterstützen.

→ **Welche Methode wendet die Quelle zur Untermauerung ihres Ergebnisses an?**
Falls du zum Beispiel Studien verwendest, solltest du darauf achten, wie groß die Probandenzahl ist, welche Faktoren die Studie berücksichtigt (und welche nicht).

Wahrscheinlich kennst du dich zumindest grob in deinem Thema aus. An der Universität bedeutet das, dass du die namhaften, seriösen Fachmagazine und andere wichtige Quellen für diesen Bereich kennst. Du weißt, welche Plattformen für wissenschaftliche Quellen in diesem Themenbereich infrage kommen. In der Schule ist man hingegen oft noch darauf angewiesen, dass man Informationen frei im Internet findet. Das kann es zwar am Anfang schwerer machen, die ersten Quellen zu finden, aber weil bei schulischen Arbeiten die Themen nicht so tief durchdrungen werden müssen, ist es durchaus möglich, auch so alles Nötige zu finden.

WO UND WIE FINDEST DU QUELLEN?

Schauen wir uns erst einmal das »wo« an: Einige deiner möglichen Quellen werden ausschließlich in digitaler Form vorliegen, andere lediglich in physischer Form, zum Beispiel manche Bücher und Zeitungen, die du in der Bücherei ausleihen musst. Von vielen Quellen existieren heute aber sowohl eine physische als auch eine digitale Version, und immer mehr Bücher und Fachartikel - auch aus der vordigitalen Zeit - werden mittlerweile digitalisiert. Viele physische Quellen sind nur im Rahmen von Bibliotheksöffnungszeiten verfügbar und müssen dann auch erst mal in einer Bibliothek gefunden werden. Plane für das Sichten von rein physischen Quellen im Voraus ausreichend Zeit ein. Falls möglich, schau dir den Online-Katalog der Bibliothek an, um dir aufzuschreiben, wo du interessante Quellen in der Bibliothek finden kannst. Wenn eine Bibliothek es anbietet, ist das Vorbestellen der Quellen ein weiterer Weg, um Zeit zu sparen, da du die Quellen dann nicht selbst in den Regalen heraussuchen musst. Außerdem hast du so die Sicherheit, dass die Quellen verfügbar sein werden, wenn du die Bibliothek besuchst.

Das Arbeiten mit physischen Quellen ist zwar ein größerer Aufwand als das Arbeiten mit digitalen Quellen, aber ein Besuch in der Bibliothek wird sich definitiv für dich lohnen, vor allem wenn es sich um eine fachspezifische Bibliothek handelt wie zum Beispiel die juristische Bibliothek deiner Universität. Auch als Schüler kannst du in Uni-Bibliotheken recherchieren, wenn du einen Gastausweis beantragst. Du kannst auch einfach anrufen, falls du nicht persönlich vorbeigehen möchtest. Oft können Bibliothekare dir verschiedene Quellen zu einem Thema und weitere Recherche-Plattformen empfehlen. Wenn du das Gefühl hast, bei deiner Recherche nicht weiterzukommen, ist das eine gute Option. Genauso kannst du dir aber auch Hilfe bei deinem Betreuer holen.

Suchst du online nach Quellen für deine Arbeit, kannst du sowohl allgemeine Suchmaschinen wie Google und auch GoogleScholar nutzen, oder fachspezifische Datenbanken wie Beck Online oder Suchmaschinen wie PubMed sind fachspezifisch. Sie sind zwar relativ breit aufgestellt (auf Beck Online findest du zu ganz verschiedenen juristischen Themen etwas, und das Gleiche gilt für PubMed bei medizinischen Themen). Trotzdem sind sie wesentlich fachgebundener als allgemeine Suchmaschinen. Es ist nicht möglich, hier alle fachspezifischen Plattformen zu listen. Sobald du in der Universität bist, wirst du normalerweise durch deine Vorlesungen und andere Kurse mit den gängigen Plattformen deines Fachs vertraut und kannst diese dann für dich nutzen. Hier sind einige allgemeinen Optionen für deine digitale Literaturrecherche:

PLATTFORM	VERKNÜPFUNG MIT LERNINHALT
Google, Bing, Ecosia	Gut zum Einfinden in das Thema, aber weniger nützlich für wissenschaftliche Quellen.
GoogleScholar	Quasi die wissenschaftlichere Version von Google; insbesondere dann nützlich, wenn du schon einige Fachbegriffe hast, nach denen du suchen willst; jedoch hat man nicht immer einen Zugang zu allen dort verlinkten Quellen, da viele hinter einer Paywall sind.
Bibliothekskataloge deiner Schul-, Universitäts-, Stadtbibliothek und mehr	Hier kannst du online verfügbare Quellen finden. Mit einem Ausweis der Bibliothek hast du auch Zugriff auf diese Quellen. Außerdem kannst du hier vor deinem Besuch recherchieren, welche Quellen du dir vor Ort anschauen möchtest.
JSTOR	Die gemeinnützige Onlineplattform ist zwar nicht für jedes Fach nützlich, aber du hast eine relativ breite Auswahl an Fachmagazinen, wissenschaftlichen Werken und Quellensammlungen. Für viele ist es die erste Recherche-Plattform, zu der sie Zugang bekommen, da auch viele Schulen und nicht nur Universitäten hierfür einen Zugang bereitstellen.
Connected Papers	Hier kannst du ein wissenschaftliches Paper eingeben und dir dann weitere Paper anzeigen lassen, die mit dem Thema verbunden sind. Bedenke jedoch, dass KIs nicht perfekt sind – manchmal findest du selber noch besser passende Quellen.

PLATTFORM	VERKNÜPFUNG MIT LERNINHALT
Consensus, Scispace	Dieser KI kannst du verschiedene Fragen (inklusive deiner Forschungsfrage) stellen. Die KI schlägt dir dazu wissenschaftliche Paper mit einer kurzen Zusammenfassung vor. Auch hier besteht das Problem, dass du vielleicht keinen Zugang zu den Papern hast, und du solltest bedenken, dass KIs noch nicht so ausgereift sind, dass du dich komplett auf ihre Recherche verlassen kannst.

Egal auf welcher Plattform du unterwegs bist: Dir wird dort nicht einfach ein Schwarm von nützlichen Quellen entgegenfliegen. Wie findest du also die passenden? Erst einmal kannst du damit anfangen, in einer Suchmaschine nach deinem Thema, dann nach damit verwandten Begriffen zu suchen und verschiedene Kombinationen von Wörtern auszuprobieren. Verwandte Begriffe findest du in den ersten Quellen, die du zu deinem Thema findest. Wenn du jedoch ganz am Anfang deiner Recherche stehst, kann es schwer sein, die mit deinem Thema verbundenen Fachbegriffe zu finden. Wikipedia kann dir dafür eine recht gute Einführung verschaffen, und dieses Wissen kannst du dann nutzen, um nach weiteren Quellen zu suchen. Das bedeutet aber nicht, dass ich dir dazu raten würde, Wikipedia in deiner wissenschaftlichen Arbeit zu zitieren. Das Gleiche kannst du auch mit Dokumentationen und Informationsvideos auf Plattformen wie Youtube machen.

Hast du bereits Quellen gefunden, kannst du dort in den Fußnoten nach weiteren interessanten Quellen Ausschau halten.

Nutze für diese Methode aber möglichst viele, auch aktuelle Quellen, da du sonst vielleicht wichtige Quellen übersiehst, die in einer älteren Quelle noch nicht berücksichtigt werden konnten.

BOOLESCHE OPERATOREN

Die meisten Suchmaschinen nutzen sogenannte Boolesche Operatoren, die du benutzen kannst, um deine Suche zu verfeinern. Diese fügst du einfach zu deinen Suchbegriffen ein. Hier sind einige Beispiele für Boolesche Operatoren.[6] Als fiktive Suchbegriffe nehmen wir hierfür »A« und »B«.

A **ODER** B	Die Suchmaschine zeigt dir Suchergebnisse, die entweder den Begriff A oder B enthalten.
A **UND** B	Die Suchmaschine zeigt dir Suchergebnisse, die beide Begriffe enthalten.
A **NICHT** B	Die Suchmaschine zeigt dir Suchergebnisse, die Begriff A, nicht aber Begriff B enthalten.

TRACKING VON SUCHBEGRIFFEN

Damit du beim Recherchieren mit verschiedenen Begriffen den Überblick behältst, lohnt es sich, dir eine Datenbank zu deinen Suchbegriffen und deren Nützlichkeit zu erstellen. Daran kannst du schnell ablesen, welche Begriffe du schon benutzt hast, und gegebenenfalls kannst du manche Begriffe auch kombinieren, um so noch detailliertere Suchbegriffe zu bekommen. Hast du beispielsweise schon einzeln nach »Inflation« und »Leitzins« gesucht, kannst du auch »Inflation UND Leitzins« als Suchbegriff verwenden. Ein Tracking der Verwendung deiner Suchbegriffe kann beispielsweise so aussehen:

BEGRIFF	RECHERCHE-PLATTFORM 1	RECHERCHE-PLATTFORM 2	RECHERCHE-PLATTFORM 3
XY	✓		
XX		✓	✓

Wann immer du den Begriff auf einer Plattform gesucht hast, kannst du ihn abhaken oder die Zahl der Suchergebnisse eintragen. Das kann dann beispielsweise so aussehen:

BEGRIFF	RECHERCHE-PLATTFORM 1	RECHERCHE-PLATTFORM 2	RECHERCHE-PLATTFORM 3
XY	5739332	31748595	6249023
XX	8	32	11

Daran erkennst du, welche Begriffe mehr oder weniger nützlich sind. In diesem Beispiel hat der erste Begriff eine unglaublich große Zahl an Suchergebnissen erzielt. Im ersten Moment denkst du vielleicht, dass das gut ist, weil du so umso mehr potenzielle Quellen hast. Aber kannst du realistisch gesehen all diese Ergebnisse anschauen? Nein! Je spezifischer du deine Suche eingrenzen kannst, desto weniger Quellen wirst du finden. Aber diese werden besser zu deinem Thema passen. Du kannst nach dem Tracking jedem Suchbegriff auch ein Symbol zuordnen, das dir zeigt, ob er für deine Arbeit hilfreich ist. Es kann sein, dass ein Begriff zwar nur eine kleine Menge an Quellen ausspuckt, aber diese sich auf ein anderes Thema beziehen. Verwende hier zum Beispiel ein + für nützliche und ein - für nicht hilfreiche Quellen. Templates zu diesen Tabellen kannst du dir über den QR-Code im Vorwort dieses Buchs herunterladen.

TRACKING VON QUELLEN

Genau wie auch bei Suchbegriffen solltest du eine Übersicht mit all deinen Quellen führen. Du kannst dir beispielsweise ein Dokument erstellen, in dem du alle Links zu deinen Onlinequellen sammelst, damit du sie immer wieder findest und nicht später alle digitalen Plattformen erneut danach absuchen musst. Notiere dir neben den Quellen-Links am besten auch Titel und Autor. Es kann immer passieren, dass eine Quelle online verschwindet. Solange du den Titel und Autor hast, wirst du die Quelle wahrscheinlich auch noch woanders wiederfinden. Wenn möglich, lade dir digital verfügbare Quellen direkt herunter. Auf diese Weise hast du sie immer zur Verfügung, auch wenn sie von der Plattform verschwinden oder du offline arbeiten musst, weil die Internetverbindung streikt. Du kannst das Tracking der Links zu deinen Quellen aber auch in deine Recherche-Notizen einfügen. Ein System dafür schauen wir uns jetzt an.

RECHERCHE-NOTIZEN

Damit du den Inhalt der Quellen, die du gelesen hast, später noch in deiner Arbeit verwenden kannst, solltest du die wichtigen Informationen in deinen Notizen festhalten. Ich empfehle dir, diese digital zu führen. So kannst du das Dokument nach bestimmten Wörtern durchsuchen und leicht Änderungen vornehmen. Während des Erstellens deiner Recherche-Notizen kannst du übrigens auch schon deine Fußnoten vorbereiten. Das funktioniert ganz gut mit der folgenden Struktur:

LITERATURVERZEICHNIS	FUSSNOTE	NOTIZEN
Dreher, Meinrad / Kulka, Michael: Wettbewerbs- und Kartellrecht. Eine systematische Darstellung des deutschen und europäischen Rechts, 11. Auflage, Heidelberg, C.F. Müller 2021. Das Buch wird in dieser Arbeit als »Dreher und Kulka, Wettbewerbs- und Kartellrecht« zitiert.	Dreher und Kulka, Wettbewerbs- und Kartellrecht	→ Signalling = »wechselbezügliche Aktivitäten, die den Schluss auf einen Koordinierungswillen in Bezug auf Wettbewerbsparameter tragen« (355) → Dynamic Pricing Algorithmen: Hub-&-Spoke-Problematik im Falle von preissetzenden Algorithmen, die mehreren Wettbewerbern durch einen Dritten zur Verfügung gestellt werden (356)

In der ersten Spalte dieser Tabelle trägst du ein, wie du die Quelle in deinem Literaturverzeichnis angeben wirst. In der nächsten Spalte trägst du ein, wie du deine Quelle in einer Fußnote nennen würdest. In dem Beispiel in der Tabelle werden Quellen in den Fußnoten nur noch stark gekürzt angegeben, da im Literaturverzeichnis dieser Arbeit auf die kurze Version hingewiesen wird. Ob das bei deiner Arbeit zulässig ist, hängt vom vorgegebenen Zitierstil ab. Das Einzige, was du noch nicht in deiner Spalte zu den Fußnoten eintragen kannst, ist die Seitenzahl (bei mehrseitigen Quellen). So musst du jedoch während des Schreibens einfach nur den ersten Teil der Fußnote kopieren und die richtige Seitenzahl einfügen. Willst du beispielsweise das Zitat zum sogenannten »Signalling« verwenden, lautet deine Fußnote dazu »Dreher und Kulka, Wettbewerbs- und Kartellrecht, 355«. Diese ergibt sich durch das Kopieren des Texts der mittleren Spalte und das Einfügen der von dir in der rechten Spalte notierten Seitenzahl. Das ist wesentlich weniger Aufwand als das Erstellen der Fußnote während des Schreibens, das dich aus dem Schreib-Flow bringen kann. In der letzten Spalte machst du dir deine Notizen zu der Quelle. Achte dabei darauf, zu jeder Information eine Quelle sowie die Seitenzahl anzugeben (im Beispiel in der Tabelle findest du sie in den Klammern hinter den Informationen) und Zitate als solche zu kennzeichnen, indem du sie in Anführungszeichen setzt. Dadurch weißt du beim Schreiben direkt, was du in deiner Arbeit ebenfalls in Anführungszeichen setzen musst und welche Seitenzahl du in der entsprechenden Fußnote einfügen musst. Dadurch kannst du dich beim Schreiben nur auf den Schreibprozess konzentrieren und musst keine Quelle erneut öffnen. Wenn du die Links zu deinen digitalen Quellen hier auch noch tracken möchtest, kannst du dafür eine Extra-Spalte einfügen. Auch für diese Tabellen kannst du über den QR-Code im Vorwort dieses Buchs ein Template herunterladen.

Nicht in jeder wissenschaftlichen Arbeit wird mit Fußnoten gearbeitet. Es kann sein, dass du direkt im Text zitieren sollst. Das ist zum Beispiel möglich, indem du die Quelle am Satzende in Klammern angibst. Meist werden die Quellen dann in verkürzter Form angegeben. Auch diese verkürzte Form kannst du in die mittlere Spalte der Tabelle schreiben und dann beim Schreiben einfach herauskopieren und die Seitenzahl einfügen.

Alternativ zu dem händischen Erstellen von Fußnoten kannst du auch Zitierprogramme wie Citavi und Zotero benutzen. Diese Programme erstellen deine Fußnoten automatisch für dich, nachdem du ihnen die relevanten Informationen über deine Quelle gegeben hast und den richtigen Zitierstil ausgewählt hast. Das ist zwar extrem praktisch, allerdings solltest du dich auf diese Programme nicht blind verlassen. Du solltest die Fußnoten der Programme immer noch mal checken, da es manchmal beispielsweise zu Fehlermeldungen kommen kann, die dann in deinen Fußnoten angezeigt werden. So etwas sollte nicht in deiner abgegebenen Arbeit vorkommen. Insbesondere Universitäten haben oft Zugänge für kostenpflichtige Zitierprogramme für ihre Studenten. Daher lohnt es sich nachzuschauen, ob du von deiner Universität ein solches Programm gestellt bekommst.

WANN WEISST DU, DASS DU GENUG GETAN HAST?

Wenn du fleißig recherchiert hast und schon eine lange Liste mit Quellen hast, kannst du vermutlich trotzdem immer noch mehr Quellen finden. Wann solltest du also mit dem Recherchieren aufhören und zum Schreiben übergehen? Einfach gesagt: Wann hast du genug getan? Das ist tatsächlich schwer zu entscheiden, weil jede Arbeit individuell ist. Orientiere dich erst einmal daran, ob du die für die Recherche vorgesehene Zeit tatsächlich investiert hast. Das allein ist jedoch keine Garantie. Je nach Arbeit und Fach kann die benötigte Anzahl von Quellen für eine ausreichende Recherche sehr variieren.

Aber es gibt jemanden, der das für dich sehr gut einschätzen kann: dein Betreuer. Es ist die Aufgabe deines Betreuers, dir beim Erstellen der Arbeit zu einem gewissen Grad zur Seite zu stehen. Insbesondere bei solchen Fragen ist dein Betreuer ein guter Ansprechpartner. Als Experte auf diesem Gebiet kann er gut bewerten, ob die Quellen, die du ausgesucht hast, gut sind und ob du noch nach mehr suchen solltest. Halte, falls möglich, schon nach etwa der Hälfte deiner Recherchezeit mit deinem Betreuer Rücksprache. So kann er dir sagen, ob deine bisherige Recherche in die richtige Richtung geht. Oder du kannst deine weitere Recherche diesem Feedback entsprechend anpassen. Wenn du dann deine Recherche abgeschlossen hast und deine vorläufige Gliederung entsprechend aktualisiert hast (falls nötig), geht es ans Schreiben. Damit beschäftigen wir uns als Nächstes.

Das Schreiben deiner Arbeit

Das leere Dokument, das du mit deiner Arbeit füllen sollst, kann am Anfang etwas beängstigend sein, und es kann schwer sein, die ersten paar Absätze zu schreiben. Ich würde dir empfehlen, erst einmal deine Gliederung in dein Dokument zu kopieren. Erstelle dein Deckblatt, dein Inhaltsverzeichnis und schreibe alle Überschriften in das Dokument. Dann ist es schon weniger leer und es ist leichter, sich während des Schreibens zu orientieren. Anschließend kannst du alle Überschriften farbig markieren, indem du den Text beispielsweise rot hinterlegst. Wann immer du einen Teil deiner Arbeit fertiggestellt hast, stellst du die entsprechende Überschrift wieder auf einen transparenten Hintergrund. Durch das farbige Markieren von Überschriften behältst du während des Schreibens leichter den Überblick darüber, wo du noch etwas zu tun hast und was du schon fertiggestellt hast. Es ist generell wichtig, dass du den Überblick über deinen

Fortschritt beim Schreiben behältst. Daher schauen wir uns nun ein paar Tipps dafür an:

BEHALTE DEINE GLIEDERUNG IM BLICK

Beim Schreiben einer recht langen wissenschaftlichen Arbeit ist es leicht, vor lauter Bäumen den Wald aus den Augen zu verlieren. Damit du dich nicht in Details verlierst, solltest du deine Gliederung immer vor Augen haben. Ich habe damals beispielsweise meine Gliederung auf ein großes Whiteboard geschrieben, das ich dann neben meinem Schreibtisch aufgestellt habe. Dadurch habe ich mich beim Schreiben immer wieder an meine Argumente und insbesondere auch an meine Forschungsfrage erinnert. Somit habe ich mich während des Schreibens immer wieder gefragt, ob das, was ich gerade schreibe, wirklich zur Beantwortung der Forschungsfrage beiträgt oder bloß ein interessantes, aber wenig relevantes Detail ist. Und genau diese Frage solltest du dir auch regelmäßig stellen: Ist das, was du schreibst, wirklich wichtig für die Beantwortung deiner Forschungsfrage? Wenn dir etwas als nicht gut genug oder potenziell irrelevant vorkommt, solltest du es aber nicht einfach löschen. Am besten legst du dir ein zweites Dokument an, in das du gelöschte Teile deiner Arbeit hineinkopierst. So kannst du immer wieder zu diesen Formulierungen zurückkehren, falls du sie später doch vermisst.

TRACKE DEINEN ARBEITSFORTSCHRITT

Du solltest während des Schreibens nicht nur deine Gliederung im Blick behalten, sondern auch deinen Arbeitsfortschritt. Eine gute Möglichkeit dafür ist es, jeden Gliederungspunkt mit einem Kästchen zu versehen, das du wiederum in vier kleinere Kästchen aufteilst.[7] Du kannst dann die entsprechenden Kästchen-Teile ausmalen, wenn du die einzelnen Schritte fertiggestellt hast. Die Gliederung wird so quasi zu einer To-do-Liste:

- nichts
- recherchiert
- gegliedert
- geschrieben
- gegengelesen

Das bedeuten die einzelnen Kategorien:

Nichts	Du hast noch nicht an diesem Gliederungspunkt gearbeitet.
Recherchiert	Du hast aus deinen Lesenotizen die Quellen herausgesucht, die für diesen Gliederungspunkt relevant sind.
Gegliedert	Du hast deine Gliederung für diesen Gliederungspunkt erstellt. Das heißt, du hast deinen »Schreibplan« geschrieben. Wie wirst du diesen Teil deiner Arbeit aufbauen?
Geschrieben	Du hast deinen Schreibplan befolgt und ihn ausformuliert.
Gegenlesen	Du hast diesen Teil deiner Arbeit auf inhaltliche und grammatikalische Fehler Korrektur gelesen.

Der Vorteil an diesem System ist, dass du durch die visuelle Repräsentanz deines Fortschritts recht leicht sehen kannst, wie weit du bei welchen Abschnitten schon gekommen bist. So kannst du leichter sehen, wie viel noch vor dir liegt, als wenn du dir zu jedem Gliederungspunkt eine vierteilige To-do-Liste schreibst. Ich rate dir dringend zu einem detaillierten Tracking-System für deinen Arbeitsfortschritt. Detailliert bedeutet, dass du jeden Arbeitsschritt (zum Beispiel Recherche und Gegenlesen) einzeln trackst. Warum? Nur so kannst du erkennen, wie viel Arbeit sich wirklich hinter den To-dos verbirgt. Musst du einen Abschnitt nur noch gegenlesen, oder hast du damit noch gar nicht angefangen? Ohne ein detailliertes Tracking-System ist das nicht ersichtlich.

Deine To-do-Liste solltest du beim Schreiben immer in deiner Nähe haben und sie so platzieren, dass du sie automatisch immer mal wieder anschaust. Du kannst sie beispielsweise neben dich auf deinen Schreibtisch legen. Dadurch behältst du deinen Fortschritt im Blick und hast immer im Kopf, wie viel schon geschafft ist und wie viel noch vor dir liegt. Das macht es wesentlich leichter einzuschätzen, wie viel Zeit du dir für einzelne Arbeitsschritte lassen kannst.

BRAINDUMP

Während des Schreibens werden dir immer wieder Gedanken zu deiner Arbeit kommen, die du irgendwo parken möchtest, damit du sie nicht vergisst. Beispielsweise fällt dir während des Schreibens von Abschnitt zwei ein, dass du in Abschnitt drei noch etwas erwähnen möchtest oder dass du noch eine Quelle in Abschnitt fünf aufnehmen möchtest. Für all diese Gedanken brauchst du einen Parkplatz, nämlich deinen »Braindump«.

Das kann entweder eine digitale Notiz oder ein kleines Notizbuch sein. Von losen Blättern würde ich abraten, da man diese schnell verliert. Und du möchtest nicht später nach dem einen Blatt suchen müssen. Wenn du stattdessen immer ein kleines Notizbuch neben dir liegen hast, in das du deine Gedanken schreibst, dann kannst du dir dieses immer wieder anschauen. Damit du das auch tatsächlich tust, kannst du dir dafür feste Zeiten setzen. Zum Beispiel, wann immer du einen Abschnitt beendest, oder am Ende jeder Schreib-Session.

AM BALL BLEIBEN UND STRUKTURIERT AN DAS SCHREIBEN HERANGEHEN

Den Überblick zu behalten ist das eine, aber am Ende musst du die Arbeit auch noch tatsächlich schreiben. Setze dir gerade für das Schreiben einer aufwendigen Arbeit kleine Ziele. Bis wann möchtest du welchen Abschnitt geschrieben haben? Du kannst dir eigene kleine Deadlines setzen und somit die Schreibzeit in wesentlich greifbare, kleine Zeitintervalle unterteilen. So weißt du auch, wie viel Zeit du für was hast, und vermeidest es, am Ende unter Zeitdruck zu stehen. Außerdem hast du dadurch auch immer wieder kleine Erfolgserlebnisse, wenn du ein Ziel erreicht hast. Das kann dir einen kleinen Motivationsschub zum Weiterarbeiten geben.

Damit du gut vorankommst, kannst du mit dem Teil der Arbeit anfangen, der dir am meisten liegt. Welcher Abschnitt fällt dir am leichtesten zu schreiben? Beginne mit diesem Abschnitt. Solange du einen guten Schreibplan erstellt hast, kannst du während dem Schreiben flexibel entscheiden, welchen Abschnitt du wann schreibst. Ein guter Schreibplan sorgt dabei dafür, dass dir zum Beispiel nicht im Nachhinein auffällt, dass du vergessen hast, Informationen am Anfang zu erwähnen, auf die spätere Abschnitte aufbauen.

Die Einleitung kann manchmal der schwerste Teil einer Arbeit sein. Das ist ganz normal. Wenn du nicht weißt, was du dort etwa zur Relevanz deines Themas schreiben sollst, kannst du auch einfach bei deinen Argumenten anfangen. Da die Einleitung zur Arbeit hinführen soll, ist es leichter, sie zu schreiben, wenn du schon weiter bist. Das Gleiche gilt für den Schluss, der den Inhalt deiner Arbeit zusammenfassen und daraus Schlussfolgerungen ziehen soll, wie beispielsweise weitere Forschungsmöglichkeiten. Falls du deine Einleitung erst später schreibst, solltest du jedoch bedenken, ob du deine Forschungsfrage noch irgendwie eingrenzen wirst. Das muss dann nämlich später in deiner Einleitung stehen und natürlich sollten deine Argumente das auch widerspiegeln. Das kannst du aber einfach in deinem Schreibplan vermerken, und dadurch vergisst du es nicht bis zum Schreiben deiner Einleitung. Es gibt keine Regel, dass du deine Arbeit entsprechend der Reihenfolge der Gliederungspunkte schreiben musst. Ich selbst habe bei meiner Masterarbeit zuerst mit den für mich leichtesten Gliederungspunkten begonnen und mich danach von dort aus vorgearbeitet.

Es ist vollkommen normal, manchmal beim Schreiben einfach nicht weiterzukommen. Die richtige Formulierung will dir einfach nicht einfallen oder dir raucht gerade einfach der Kopf von dem Thema dieses Absatzes? Dann markiere dir in deinem Dokument, dass du an dieser Stelle noch weiterarbeiten musst, und beschäftige dich später damit. Als Markierung kannst du beispielsweise den letzten Satz des

Geschriebenen farblich hinterlegen. So fällt dir die Stelle auch beim Durchscrollen des Dokuments leicht ins Auge. Je nachdem, wie fokussiert du jetzt noch arbeiten kannst, solltest du dir entweder eine kurze Schreibpause gönnen oder direkt mit dem Schreiben eines neuen Abschnitts beginnen.

Pausen sind ein wichtiger Teil des Schreibens. Hast du schonmal eines deiner Lieblingsgerichte ein paar Tage hintereinander jeden Tag gegessen und konntest es danach nicht mehr sehen? So ähnlich ist es mit dem Schreiben. Irgendwann kannst du das Dokument einfach nicht mehr sehen. Wenn du an diesem Punkt ankommst, ist eine Pause das beste Mittel, um zurück zum produktiven Schreiben zu kommen. Indem du deinem Kopf die Möglichkeit gibst, sich auf etwas anderes zu konzentrieren, kannst du den Stress des Schreibens loslassen und später frisch zu deiner Arbeit zurückkehren. Solche Pause müssen auch nicht zwingend lang sein. Manchmal kann es schon reichen, kurz den Schreibtisch zu verlassen, sich einen Tee zu machen und diesen zu trinken.

Wie auch bei der Klausurvorbereitung kann eine Lerngruppe dir helfen, besser mit dem Schreiben voranzukommen. In einer Schreibgruppe bist du einem positiven Gruppendruck ausgesetzt. Außerdem hast du durch die Termine der Gruppe feste Zeiten, die für das Schreiben reserviert sind. Allein greift man hingegen gerne mal zum Handy und scrollt durch Social Media. (Um das zu vermeiden, kannst du die Tipps gegen Prokrastination ab Seite 135 anwenden.)

Falls dir einfach nur eine Formulierung beim Schreiben fehlt, kannst du übrigens immer eine KI, wie beispielsweise ChatGPT, zu Hilfe nehmen. Du kannst sie fragen, ob sie dir

Synonyme für einen Begriff nennen kann, die passsender für eine wissenschaftliche Arbeit sind. Insbesondere wenn man noch wenig Erfahrung mit dem Schreiben von wissenschaftlichen Arbeiten hat, kann es schwer sein, den richtigen Ton zu treffen. Um ein besseres Gefühl dafür zu bekommen, kannst du bei deiner Literaturrecherche neben den Informationen aus deinen Quellen auch darauf achten, wie die wissenschaftlichen Artikel geschrieben sind.

Es ist aber auch kein Problem, erst einmal in einer nicht perfekt wissenschaftlichen Sprache zu schreiben. Wenn du bei einem Abschnitt sonst nicht weiterkommst, schreibe diesen Abschnitt erst einmal so, dass er für dich verständlich ist. Im Nachhinein kannst du den Absatz immer noch überarbeiten und entsprechend umformulieren. Es kann oft leichter sein, Formulierungen von Sätzen zu ändern, wenn man sie vor sich sieht, anstatt sie nur im Kopf zu haben. Lass dich beim Schreiben nicht von Sätzen aufhalten, mit denen du noch nicht komplett zufrieden bist. Hinterlege sie einfach farbig, schreibe weiter und schaue sie dir im Nachhinein noch mal an. Manchmal hilft schon dieser zeitliche Abstand, damit man noch mal einen frischen Blick auf mögliche Formulierungen bekommt.

Der Feinschliff: Formatierung und Co.

Wenn du deine Arbeit komplett geschrieben hast, prüfe sie unbedingt noch einmal im Hinblick auf alle Formatierungsvorlagen, Rechtschreibung und gute Lesbarkeit. Dafür solltest du sie selbst Korrektur lesen. Es kann übrigens helfen, wenn du deine Arbeit in eine andere Schriftart stellst als die, in der du sie geschrieben hast. Ich verwende dafür gerne Comic Sans. Dadurch wirkt meine Arbeit neu und ich lese aufmerksamer, als wenn ich das Aussehen der Sätze schon im Kopf habe.

Es ist zusätzlich hilfreich, wenn noch eine fachfremde Person deine Arbeit gegenliest. Warum jemand anderes? Man selbst hat am Ende des Schreibprozesses schon sehr viel Zeit mit der Arbeit verbracht und weiß daher auch, was man an welcher Stelle sagen wollte. Da lesen sich verschachtelte Sätze leichter, als wenn man die Arbeit zum ersten Mal liest. Des Weiteren kann man kleine Rechtschreibfehler auch leicht übersehen, weil man sie unbewusst im Kopf beim Lesen korrigiert, da man ja weiß, was man damit sagen möchte. Und warum fachfremd? Die Person bewertet dann ausschließlich die Grammatik und die Lesbarkeit, da sie inhaltlich kein Feedback geben kann. Du kannst deine Arbeit aber auch von Softwares wie beispielsweise DeepL, Scribbr, LanguageTool, DudenMentor oder Grammarly korrigieren lassen. Letztere Software funktioniert leider (noch) nicht für deutsche Texte, kann jedoch für englische Arbeiten genutzt werden. Diese können dir zwar Feedback zu Grammatik und Lesbarkeit geben, jedoch solltest du deine Arbeit auch inhaltlich noch mal prüfen, vor allem die Zitate. Hierfür kannst du beispielsweise Turnitin verwenden. Die Software ist an Universitäten weit verbreitet und wird zur Plagiatserkennung genutzt. Sie ist bei Weitem nicht perfekt, also erschrecke dich nicht, wenn dein Plagiatsprozentsatz nicht null ist. Du solltest dir anschauen, was die Software als Plagiat markiert, und fälschlich Markiertes kannst du guten Gewissens ignorieren.

Achte neben der Grammatik, Lesbarkeit und dem Inhalt auch darauf, dass deine Arbeit alle formalen Vorgaben erfüllt, zum

Beispiel die richtige Formatierung. Auf diese Dinge solltest du insbesondere achten:

- Gibt es Vorgaben, welche Informationen auf dem Deckblatt stehen sollten? Falls ja, hast du all diese Vorgaben erfüllt?
- Welche Schriftart ist vorgegeben?
- Welche Schriftgröße ist vorgegeben?
- Ist ein bestimmter Korrekturrand vorgegeben, oder ein anderer Seitenabstand? Falls ja, hast du diesen eingehalten?
- Ist eine Gliederungsart vorgegeben (beispielsweise, dass man alle Kapitel mit »1.«, »2.« bezeichnet und alle Unterkapitel mit »1.1«, »1.2«)?
- Ist ein bestimmter Zitierstil vorgegeben? Falls ja, entsprechen all deine Fußnoten dem Zitierstil?
- Wie sollen Tabellen und Bilder gekennzeichnet werden? Hast du die Vorgaben entsprechend umgesetzt?
- Ist deine gesamte Arbeit im vorgegebenen Bereich von Seitenzahl, Anzahl von Wörtern oder Zeichen? Vergiss nicht, dabei darauf zu achten, wie Anhänge und andere Dinge zu der Länge deiner Arbeit gezählt werden. Es ist nicht schlimm, nicht perfekt auf den optimalen Umfang gekommen zu sein. Jedoch solltest du dich bei einem sehr viel kürzeren Umfang fragen, ob du ausreichend tief in das Thema eingetaucht bist.
- Braucht es eine Redlichkeitserklärung am Ende deiner Arbeit? Diese besagt, dass du deine Arbeit eigenständig verfasst hast und Quellen in vorgegebener Weise gekennzeichnet hast. Meistens wird der genaue Wortlaut der Erklärung von deiner Schule oder Universität vorgegeben. Aber Vorsicht: Oft muss die Erklärung unterschrieben werden, um wirksam zu sein. Also nicht das Unterschreiben vergessen!

Die formalen Vorgaben sind die leichtesten Punkte, die du für deine Arbeit bei deinem Bewerter sammeln kannst. Sich allein an die formalen Vorgaben zu halten wird deine Note natürlich nicht retten, wenn sie inhaltlich nicht den Ansprüchen gerecht wird. Aber es ist extrem ärgerlich, wenn du diese leicht zu holenden Punkte verschenkst. Das kann dich selbst bei einer sonst exzellenten Arbeit das »Sehr gut« kosten.

Du kannst dir auch von Anfang an das Dokument, in dem du deine Arbeit schreibst, so einstellen, dass es den Vorgaben wie Schriftgröße, Korrekturrand und mehr entspricht. Es ist jedoch relativ leicht, dies im Nachhinein abzuändern. Ich würde dir sowieso empfehlen, am Ende noch mal nachzuschauen, ob du wirklich jede formale Vorgabe eingehalten hast. Ist diesbezüglich alles okay, kannst du deine Arbeit drucken lassen, wenn das gewünscht ist, und sie einreichen. Für viele endet die Arbeit hier, aber manchmal musst du deine Arbeit auch noch präsentieren oder sogar verteidigen. Wie du eine Präsentation vorbereitest, erfährst du im nächsten Kapitel. Die Verteidigung schauen wir uns nun an.

Der letzte Schritt: die Verteidigung

Verteidigungen finden meist für stärker gewichtete wissenschaftliche Arbeiten statt, etwa beispielsweise Bachelor- oder Masterarbeiten. Das Konzept einer Verteidigung ist normalerweise auch nur im universitären und nicht im schulischen Kontext zu finden. Nur weil du eine Bachelor- oder Masterarbeit schreibst, bedeutet das jedoch nicht, dass du auch zwingend eine Verteidigung haben wirst. Je nach

Universität und Studienfach kann dies unterschiedlich sein. Falls du dir nicht sicher bist, kannst du dies in der Studien- und Prüfungsordnung deiner Universität zu deinem Studiengang nachschauen.

Wie eine Verteidigung abläuft, kann ganz unterschiedlich sein: Sie kann einer Präsentation ähneln oder eher die Form eines sehr detaillierten Fachgesprächs zu deiner Arbeit haben. In der Regel bekommst du im Voraus gesagt, was dich erwartet. Falls nicht, frage unbedingt deinen Betreuer. Es kann sein, dass du deine Arbeit noch mal kurz präsentieren sollst, und dafür kannst du dann gegebenenfalls eine Präsentation vorbereiten. Für diesen Teil findest du Tipps im nächsten Kapitel. Darauf folgt dann aber normalerweise ein Gespräch mit den Prüfern über deine Arbeit. Hierfür solltest du dir deine Arbeit noch mal sehr gut durchlesen. Typischerweise findet die Verteidigung einige Zeit nach der Abgabe deiner Arbeit statt, da die Prüfer erst mal eine Weile brauchen, um sich mit dem Geschriebenen auseinanderzusetzen. Das bedeutet aber auch, dass du einige Zeit hattest, um so manches wieder zu vergessen. In der Verteidigung musst du deine Arbeit gut kennen und deine Argumente auch gegenüber Gegenargumenten verteidigen können.

Frage vor der Verteidigung, welche Hilfsmittel dabei erlaubt sind, und bereite sie entsprechend vor. Darfst du beispielsweise ein Blatt Papier und einen Stift mitbringen? Falls ja, kannst du dir damit zu den Fragen Notizen machen und dir Stichpunkte zu möglichen Antworten notieren. Hab auch keine Angst, dir ein paar Sekunden Zeit zu lassen, um deine Gedanken zu ordnen, bevor du antwortest. Je nach Stil der Durchführung der Verteidigung ist es sogar üblich, dass Studenten sich kurz Zeit nehmen, um ihre Antwort auf Papier zu gliedern, bevor sie mündlich antworten. Ob das an deiner Universität der Fall ist, besprichst du am besten mit deinem Prüfer.

Falls du deine Arbeit in die Verteidigung mitbringen und darin Vermerke hinterlassen darfst, würde ich dir empfehlen, sie mithilfe von Post-its vorzubereiten, damit du schnell bei einer Frage jeden Gliederungspunkt finden kannst. Innerhalb des Fließtexts deiner Arbeit kannst du dir die wichtigsten Punkte markieren, um schnell einen Überblick darüber zu gewinnen, worauf die Frage sich bezieht.

Darfst du noch mehr Hilfsmittel mitnehmen, sind deine Recherche-Notizen vielleicht hilfreich. Ich hatte beispielsweise in der Verteidigung meiner Masterarbeit über 100 Seiten Recherche-Notizen neben mir liegen. Diese hatte ich ebenfalls mit Post-its versehen, um schnell bestimmte Themen finden zu können. Bei der Entscheidung, welche Themen ich mit Post-its hervorhebe, hatte ich darauf geachtet, bei welchen Themen noch Fragen offen sein könnten. Dafür habe ich mir meine Arbeit noch mal kritisch angeschaut und mir überlegt, ob etwas unklar sein könnte oder ich manche Randthemen nur angeschnitten habe und daher nach ausführlicheren Erklärungen gefragt werden könnte. Außerdem wurden an meiner Universität die Gutachten zur schriftlichen Arbeit bereits vor der Verteidigung an die Studenten weitergegeben. Dadurch wusste ich, welche Punkte die vor mir sitzenden Prüfer an meiner Arbeit bemängelt hatten, und konnte so noch mal explizit auf diese eingehen. Falls du solches Feedback im Voraus bekommst, dann nutze es definitiv auch zur

Vorbereitung. Es ist allerdings von Universität zu Universität unterschiedlich, wann und ob überhaupt die Gutachten an die Studenten gegeben werden.

Um dich auf potenzielle Fragen vorzubereiten, kannst du deine Arbeit auch von Freunden und Verwandten lesen und sie anschließend Fragen stellen lassen. Falls deine Liebsten sich nicht die 30 bis 120 Seiten, die so eine Arbeit schnell umfassen kann, durchlesen wollen, kannst du alternativ auch eine Präsentation für sie halten, die den Inhalt deiner Arbeit abdeckt. Anschließend können sie dir Fragen zu dem Thema stellen.

Du kannst dich währenddessen auch filmen (siehe Seite 226). So bekommst du gleich einen Eindruck von deiner Körpersprache und ob du selbstbewusst und souverän gesprochen hast. Oder ob du eher oft ins Stottern gekommen bist und nicht überzeugt geklungen hast. Eine Verteidigung ist eine mündliche Prüfung, und solche Kleinigkeiten helfen dir dabei, deine Argumente überzeugender rüberzubringen. Ein selbstbewusstes Auftreten kann auch dazu beitragen, dass Prüfer dich als gut vorbereitet wahrnehmen. Man sollte natürlich nicht selbstbewusst in ungesundem Maße sein. Wenn du in der Verteidigung etwas nicht weißt, ist es besser, dazu zu stehen. Du solltest dir nicht einfach etwas ausdenken, weil das die Prüfer sehr schnell merken werden. Schließlich verfügen sie in der Regel über wesentlich mehr Expertise als du.

Letztendlich ist es dein Ziel, in der Verteidigung noch mal zu zeigen, dass du dein Thema wirklich verstanden und dich tief genug eingearbeitet hast. Das zeigst du, indem du dich verschiedenen Fragen zu deinem Thema, deinen Argumenten und auch potenziellen Gegenargumenten stellst. Du solltest in der Lage sein, deinen in der Arbeit vertretenen Standpunkt zu verteidigen und Gegenargumente überzeugend zu entkräften. Wenn du das hinter dich gebracht hast, bist du fertig mit deiner wissenschaftlichen Arbeit. Herzlichen Glückwunsch!

WORUM ES IN DIESEM KAPITEL GING:

- → Erstelle einen detaillierten Zeitplan für jeden Arbeitsschritt deiner wissenschaftlichen Arbeit.
- → Führe eine grobe Themenrecherche zum Finden deiner Forschungsfrage durch. Beachte bei der Wahl deiner Forschungsfrage die bereits existierende Literatur, die vorgegebene Zeit und Tiefe und den Umfang der Arbeit.
- → Erstelle eine vorläufige Gliederung zur Orientierung bei der weiteren Literaturrecherche.
- → Tracke deine Literaturrecherche, in dem du dir die Quellen, Fußnoten und Suchbegriffe systematisch notierst.
- → Verliere im Schreibprozess niemals die Forschungsfrage deiner Arbeit aus dem Blick.
- → Überprüfe deine Arbeit nach dem Schreiben auf formale Fehler und Vorgaben.
- → Bereite deine Verteidigung unter Berücksichtigung der zugelassenen Hilfsmittel vor.

6

Präsentationen vorbereiten und halten

Neben Klausuren und wissenschaftlichen Arbeiten gibt es noch einen weiteren Prüfungstyp: die Präsentationen beziehungsweise Referate. Das Vorbereiten einer Präsentation ähnelt oft dem Recherche-Teil einer wissenschaftlichen Arbeit. Wie bei schriftlichen Arbeiten wird bei Präsentationen erwartet, dass du dir Wissen zu einem bestimmten Thema eigenständig erarbeitest. Manchmal sollst du dieses verschriftlichen und zusätzlich zu der schriftlichen Arbeit noch eine Präsentation halten. In anderen Fällen wird jedoch nur die reine Präsentation bewertet. Falls du neben der Präsentation eine schriftliche Arbeit einreichen musst, kannst du dich dafür am vorherigen Kapitel orientieren. In diesem Kapitel werden wir uns ausschließlich mit dem Präsentationsteil beschäftigen. Wie auch bei wissenschaftlichen Arbeiten solltest du dir vor dem Vorbereiten der Präsentation den Erwartungshorizont und die Bewertungskriterien anschauen. Dadurch weißt du, in welchem Verhältnis dein Vortrag und gegebenenfalls deine schriftliche Ausarbeitung gewichtet werden. Auf dieser Grundlage kannst du besser entscheiden, auf welche Teile du dich in der Vorbereitung stärker fokussieren solltest.

Die Vorrecherche zum Finden eines Präsentationsthemas und die eigentliche Recherche ähneln stark dem Recherchieren für wissenschaftliche Arbeiten. Deswegen gehe ich in diesem Kapitel lediglich auf die Unterschiede ein. Zur Vorbereitung auf eine Präsentation empfiehlt es sich, die Abschnitte zum Thema Recherche im vorigen Kapitel (ab Seite 186) zu lesen. In diesem Kapitel werden wir uns anschauen, warum und wie du auf die Zielgruppe deiner Präsentation achten und wie du deine Präsentation visuell gestalten solltest. Des Weiteren findest du einige Tricks, um bei Präsentationen flüssig zu sprechen. Zuletzt schauen wir uns an, wie du dich auf Rückfragen vorbereitest, was in ein Handout gehört und was dort besser keinen Platz finden sollte. Beginnen wir nun mit der Relevanz deiner Zielgruppe und was das für deine Recherchearbeit bedeutet.

Deine Zielgruppe

Deine Zielgruppe ist die Gruppe von Personen, an die sich deine Präsentation richtet. Sollst du eine Unterrichtsstunde in einer niedrigeren Klassenstufe halten? Deinen Mitschülern ein Thema erklären? Oder ein Thema für deine Professoren, die dich prüfen, präsentieren? Je nach Zielgruppe ändert sich die Art und Weise, wie du dein Thema aufbereiten musst und wie tief deine Recherche gehen sollte. Je fortgeschrittener das Wissen der Zielgruppe zu deinem Thema ist, desto mehr Fachbegriffe kannst du verwenden. Betrachte zum Beispiel einmal das Thema »Influencer«. Stell dir vor, du würdest eine Präsentation darüber halten, wie Influencer ihre minderjährigen Zuschauer durch Kurzvideos beeinflussen, indem sie ihr Aussehen so bearbeiten, dass es konventionellen Schönheitsstandards entspricht. Je nach Zielgruppe würdest du deine These sicherlich ganz unterschiedlich formulieren. Überlege dir einmal, du würdest das Thema einmal für Sechstklässler, einmal für Zehntklässler und einmal für Professoren aufbereiten.

Was Influencer sind und was sie machen, gehört mittlerweile zum Allgemeinwissen. Du kannst also erwarten, dass alle Zielgruppen wissen, worum es geht. Aber bevor du Begriffe wie »Influencer Marketing« verwendet, solltest du dich fragen, ob die Zielgruppe schon weiß, was das bedeutet. Je mehr Vorwissen bei der Zielgruppe vorhanden ist, desto tiefer sollte deine Präsentation auch gehen. Eine These bei einer Präsentation für Sechstklässler wäre nicht angemessen für das Niveau, das an Universitäten erwartet wird. Bei einer Präsentation für Professoren würdest du viel mehr in die Details gehen. So könnten deine verschiedenen Thesen aussehen:

ZIELGRUPPE	THESE
Sechstklässler	→ These: Junge Zuschauer bekommen durch Influencer ein falsches Bild von normalem Aussehen. → Ohne Erfahrung mit der Nachbearbeitung von Videos erkennen sie nicht, dass zum Beispiel Pickel wegretuschiert werden. → Dadurch denkt der Zuschauer, dass das im Video dargestellte Aussehen normal sei. Und man findet sein eigenes, unbearbeitetes Aussehen weniger hübsch, weil es nicht dem der Influencer entspricht.

ZIELGRUPPE	THESE
Zehntklässler	→ These: Die Nachbearbeitung von Kurzvideos von Influencern führt dazu, dass einer jungen, leicht beeinflussbaren Zuschauerschaft unrealistische Schönheitsideale vermittelt werden. → Im Bereich des Influencer-Marketings für kosmetische Produkte ist die Bild-Nachbearbeitung besonders kritisch zu bewerten, weil sie die Wirkung von Produkten wie Foundations und Concealern übertrieben darstellt.
Professoren	→ These: Indem Influencer Kurzvideos konform zu konventionellen Schönheitsidealen bearbeiten, tragen sie dazu bei, dass diese unrealistischen Schönheitsideale als natürlich angesehen werden. Dadurch verzerrt sich das gesellschaftliche Bild eines »schönen« Körpers. → Eine solche Nachbearbeitung ist insbesondere in werblichen Kurzvideos kritisch zu bewerten, wenn der Eindruck erweckt wird, dass die Produkte zum Verbessern eines bearbeiteten Körperelements beitragen. → Damit ist das digitale Influencer-Marketing mittlerweile ähnlich problematisch wie das traditionelle Fernsehmarketing. → Eine erhöhte Sensibilität von Zuschauern, die mit leicht zugänglichen Bearbeitungssoftwares aufwachsen, könnte jedoch dazu führen, dass zukünftige minderjährige Zuschauerschaften besser sensibilisiert sind und leichter erkennen können, ob ein Kurzvideo bearbeitet wurde.

Wie tief du in das Thema eintauchen musst, bestimmt auch, wie tief deine Recherche geht. Dementsprechend würdest du für Zehntklässler auch zu anderen Quellen greifen als für Sechstklässler. In der Realität wirst du in den meisten Fällen eine Präsentation für Personen halten, die das gleiche Vorwissen haben wie du. Deine Mitschüler haben zum Beispiel durch den Unterricht genauso viel zu dem Thema gelernt wie du. Auch an der Universität wird bei Vorträgen nicht erwartet, dass du eine Präsentation hältst, die dem Level von wissenschaftlichen Konferenzen entspricht. Die Präsentation soll zu dem Stand deiner universitären Bildung passen.

Daher erkennst du in den meisten Fällen gute Quellen schon daran, ob du leicht Zugriff auf sie hast und dass sie für dich verständlich sind. Beim Überfliegen einer Quelle kannst du auch gut erkennen, ob der Inhalt auf einem ähnlichen Level ist wie das Wissen, das du bereits hast. Das bedeutet nicht, dass du nicht über den Tellerrand schauen solltest. Meistens besteht die Aufgabe einer Präsentation darin, ein Thema aufzubereiten, das du noch nicht so detailliert im Unterricht gelernt hast. Du wirst dich also immer noch in neue Materie einarbeiten müssen. Jedoch merkst du recht schnell, ob eine Quelle für dich schnell erlernbar und verständlich ist oder ob sie so geschrieben ist, dass du viel mehr Fachwissen mitbringen müsstest, um sie zu verstehen. Dementsprechend kannst du Quellen aussortieren, die auf einem viel zu hohen Niveau sind. Wenn du dir nicht sicher bist, ob deine Recherche tief genug geht, kannst du dazu auch immer Rücksprache mit deinem Lehrer oder Dozenten halten. Am besten bringst du zu so einer Besprechung eine vorläufige Literaturliste mit. Dein Betreuer kann dir auch dabei helfen, weitere Quellen zu finden, falls du bei deiner Recherche damit Probleme hast.

Deine Zielgruppe solltest du nicht nur bei der Recherche im Hinterkopf behalten, sondern auch bei allen anderen Schritten während der Vorbereitung deiner Präsentation. Je nach Zielgruppe wirst du deine Folien anders gestalten, eine Präsentation mehr oder weniger interaktiv aufbauen und auch andere Handouts benötigen. Überlege also schon vor der ersten Vorbereitung für deine Präsentation, an welche Zielgruppe mit welchem Vorwissen sie sich richten wird.

Der falsche Freund: Folien

Die meisten von uns nutzen für Präsentationen oft Folien von Programmen wie PowerPoint oder Keynote. Wenn solche Hilfsmittel erlaubt sind, können sie dem Publikum helfen, deinem Vortrag zu folgen. Sie können aber auch das Gegenteil bewirken. Du solltest daher darauf achten, dass deine Folien deinen Vortrag tatsächlich unterstützen und ihn nicht sabotieren. Daher schauen wir uns nun einige typischen Fehler beim Nutzen von Folien an und wie du diese vermeidest.

FEHLER: ALLE INFORMATIONEN AUF DEN FOLIEN

Deine Folien sind eine Unterstützung deines Vortrags, keine genaue Wiedergabe von allem, was du sagst. Dein Fokus bei einer Präsentation liegt darauf, was du erzählst, und nicht darauf, was auf deinen Folien steht. Ich empfehle dir daher, die Informationen auf deinen Folien darauf zu reduzieren, was du in einem rein mündlichen Vortrag nicht gut abbilden kannst. Dazu gehören folgende vier Dinge:

1. Gliederungspunkte: Wenn du während deines Vortrags mit Folien anzeigst, bei welchem Gliederungspunkt du gerade bist, kann sich jeder Zuhörer, der kurz einmal den Faden verliert, wieder orientieren. Gliederungspunkte im Kontext der groben Gesamtgliederung bieten eine sehr gute Orientierungshilfe. So können deine Zuhörer das aktuelle Thema in der Struktur deines Vortrags jederzeit einordnen. Das kann dann zum Beispiel so aussehen:

1. SELBSTSTÄNDIGKEITSPOSTULAT & GEHEIMWETTBEWERB
2. **WETTBEWERBSBESCHRÄNKUNG**
3. FREISTELLUNGSKRITERIEN
4. TATBESTANDSRESTRIKTIONEN
5. BETRACHTUNG DES EINZELFALLES

2. Schaubilder: Wenn du ein Beispiel vorträgst oder einen längeren Sachverhalt erklärst, helfen Schaubilder deinen Zuhörern beim Verständnis. So können sie deiner Erklärung leichter folgen und kommen weniger durcheinander, wenn du verschiedene Akteure in das Beispiel einbaust. Dein Schaubild muss auch nicht selbsterklärend sein. Die Erklärung kommt immer noch mündlich von dir. Das Schaubild ist lediglich dafür da, dass deine Zuhörer sich daran während des Zuhörens orientieren können. Damit sie sich tatsächlich auch noch auf das von dir Gesagte fokussieren, empfehle ich dir, in Schaubildern so wenig Text wie möglich zu verwenden. Das kann dann zum Beispiel so aussehen:

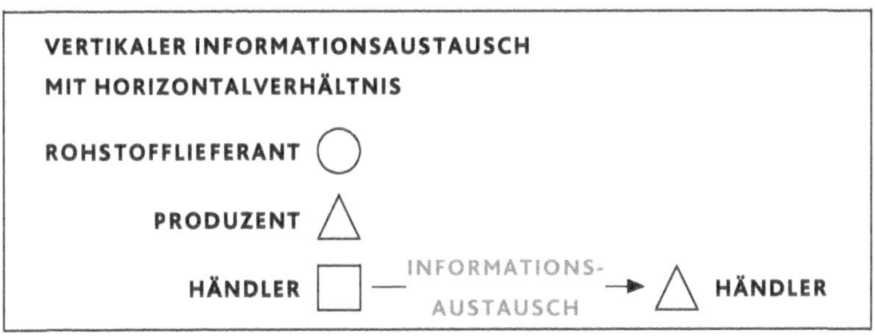

Ohne weitere Erklärung ist dieses Schaubild wenig hilfreich. Hier geht es um die Bedeutung des Begriffs »vertikaler Informationsaustausch mit Horizontalverhältnis«. Ein vertikales Verhältnis verschiedener Akteure besteht dann, wenn sie miteinander in einer Kette verbunden sind, wie zum Beispiel der Rohstofflieferant mit dem Produzenten eines Autos. Dieser Produzent verkauft sein Produkt dann wiederum an Autohändler, die es dann an Kunden wie dich und mich verkaufen. In einer solchen Kette hat jeder der Akteure andere Kunden (also die Personen, an die sie verkaufen). Akteure, die zueinander ein Horizontalverhältnis haben, haben Überschneidungen bei ihren Kunden. Das ist zum Beispiel der Fall, wenn der Autohersteller seine Autos auch direkt an Endkunden verkauft und nicht nur an Autohändler. Wenn diese dann (geschäftliche) Informationen austauschen, ist das nicht nur ein Informationsaustausch in einer vertikalen Kette (auf der alle unterschiedliche Kunden haben), sondern auch ein Austausch im Horizontalverhältnis, in der man dieselben Kunden hat. Hast du bei dieser Erklärung immer wieder zum Schaubild gelinst, um ihr besser folgen zu können? Genau das machen deine Zuhörer auch, wenn du ihnen mündlich etwas Kompliziertes erklärst.

3. Bilder: Ein Foto oder ein anderes Bild kann dir in manchen Fällen beim Erklären helfen. Jedoch solltest du darauf achten, dass es tatsächlich deinen Vortrag unterstützt und die Aufmerksamkeit deiner Zuhörer nicht ablenkt. Haben deine Folien zu viel Inhalt, können sich deine Zuhörer nur noch entweder auf die Folien oder den Vortrag konzentrieren. Eine solche Ablenkung solltest du vermeiden. Ein Bild kann beispielsweise nützlich sein, wenn du eine Hauterkrankung erklären möchtest und zeigen willst, wie die Symptome aussehen.

4. Zitate: Manchmal musst du auch ganze Zitate in deine Präsentation einbauen. Insbesondere wenn diese länger sind oder du sie analysieren möchtest und auf einzelne Worte im Gesamtzitat zurückkommst, lohnt es sich, die Zitate auf den Folien zu zeigen. Wenn du bestimmte Wörter besprechen willst, kannst du diese auch farbig markieren. Vermeide es aber besser, zu jedem markierten Wort dazuzuschreiben, warum du es markiert hast. Dadurch nimmt die Übersichtlichkeit deiner Folien ab und es lenkt den Fokus weg von dir und deinem Vortrag.

Je mehr du den Inhalt auf deinen Folien reduzierst, desto leichter ist es, dafür zu sorgen, dass deine Zuhörer den Text auf den Folien auch lesen können. Denn je mehr Informationen du auf deine Folien schreibst, desto kleiner wird dein Text, und irgendwann können deine Zuhörer in der letzten Reihe ihn nicht mehr lesen. Eine gute Schriftgröße für Überschriften beträgt etwa 85 pt und für normalen Text eine Größe von 50 pt in Keynote und PowerPoint, bei einer Standardschrift wie Arial. Meiner Erfahrung nach sind diese Schriftgrößen auch bei der Projektion der Präsentation in größeren Räumen noch für alle gut lesbar. Und da die Schriftgröße für normalen Text auch noch recht groß ist, vermeidest du es mit dieser Richtgröße, zu viel Text zu schreiben. Solltest du vorhaben, neben den Präsentationsfolien noch andere Dinge zu zeigen und dafür beispielsweise den Bildschirm zu teilen, dann bedenke, dass die Schrift dann kleiner sein wird. Dementsprechend solltest du für diese Stellen die Textgrößen anpassen.

FEHLER: DU NUTZT FOLIEN ALS EIGENE GEDÄCHTNISSTÜTZE

Deine Folien unterstützen deinen Vortrag für deine Zuhörer, aber sie sind nicht deine Gedächtnisstütze. Dafür nutzt du besser Karteikarten. Deine Folien können niemals Karteikarten ersetzen. Warum? Im Normalfall wird deine Präsentation in der Schule und an der Universität hinter dir an eine Wand projiziert. Wenn du dich immer zu deiner Präsentation umdrehst, sprichst du mit der Wand und nicht mit deinen Zuhörern. Das macht es schwerer, dich zu verstehen, und wirkt zudem abweisend.

Außerdem hat das Nutzen von Folien als Karteikarten meistens den Effekt, dass du zu viele Informationen parat hast. Denn dann wirst du nicht nur die Dinge aufschreiben, die deine Zuhörer zur Unterstützung des Vortrags brauchen. Deine Folien enthalten im besten Fall zusätzlich noch alle Stichpunkte, die du als Vortragender für deine Präsentation brauchst. Daher solltest du dafür sorgen, dass du gute Karteikarten hast, die dich während deiner Präsentation unterstützen. Wie du diese erstellst, schauen wir uns im nächsten Unterkapitel an.

Es kann auch sein, dass du deine Präsentation während eines Online-Meetings hältst. In diesem Fall sind Karteikarten nicht zwingend ein Muss, allerdings sollten auch in diesem Fall deine Folien nicht als Vortragsnotizen herhalten. Für eine Präsentation über Zoom oder Microsoft Teams kannst du dir aber digitale Notizen machen. Dann teilst du nur deine Präsentation mit den Zuhörern. Deine Notizen in einer anderen App kannst nur du sehen und du nutzt sie ähnlich wie sonst Karteikarten. Die Tipps für Karteikarten aus dem nächsten Unterkapitel gelten dann auch für deine digitalen Notizen. Du solltest schließlich auch bei digitalen Präsentationen frei sprechen und nicht nur von deinen Notizen ablesen.

FEHLER: WILDE EFFEKTE EINBAUEN

Halten wir es kurz und knapp: Übergänge, bei denen deine nächste Folie in das Bild fliegt und sich davor vielleicht sogar noch dreimal dreht, sind selten eine gute Idee. Sie lenken mehr ab, als dass sie hilfreich sind. Das bedeutet nicht, dass alle Effekte überflüssig sind. Wenn du beispielsweise verschiedene Dinge in einem Zitat hervorheben möchtest, kannst du nach und nach auf die einzelnen Elemente zu sprechen kommen und diese dann mithilfe eines Effekts nach und nach farblich hervorheben. Jedoch solltest du Effekte in einer Präsentation wirklich nur da einsetzen, wo sie dazu beitragen, dass die Zuhörer deinem mündlichen Vortrag besser folgen können. Auf sie kommt es schließlich an.

Wie du selbstsicher deine Präsentation hältst

Wenn du gute Folien für deine Präsentation erstellt hast, dann musst du dazu passend noch flüssig dein Thema vortragen können. Vor vielen Personen zu sprechen ist nicht für alle Menschen leicht. Nicht jeder kann von Natur aus gut und frei präsentieren. Daher lohnt es sich, das Präsentieren und Sprechen vor anderen zu üben. Falls du sehr große Angst vor Präsentationen hast (und gegebenenfalls auch eine Diagnose, die bestätigt, dass so etwas für dich schwerer als für andere ist), kannst du dies mit deinem Lehrer oder Dozenten besprechen. Im universitären Kontext ist es möglich, solche Schwierigkeiten auch mit dem Zentrum für Studenten mit Erkrankungen und Behinderungen zu besprechen. Ich habe nun Tipps für dich mitgebracht, die dir das Präsentieren vor anderen in jedem Fall etwas erleichtern können.

GUTE KARTEIKARTEN SIND DIE HALBE MIETE

Falls für deine Präsentation Karteikarten erlaubt sind, sind diese dir eine große Stütze. Normalerweise sind solche Hilfsmittel erlaubt. Ob du physische Karteikarten nutzt oder dir digitale Notizen auf ein kleines Tablet schreibst, ist egal. Am PC kannst du deine Karteikarten auch direkt in deiner Präsentationssoftware erstellen. Diese kannst du dann am PC während des Vortrags sehen, wenn du die Software in den Präsentationsmodus stellst. Projiziert über einen Beamer werden nur deine Folien. Aber auf dem Bildschirm des PCs hast du deine Notizen und oft auch eine Stoppuhr (je nach Software). Allerdings solltest du das nur machen, wenn du weißt, dass der Präsentationsmodus in deiner Schule oder Universität verfügbar sein wird, damit du diese Karteikarten während der Präsentation auch sehen kannst. Des Weiteren solltest du es auch nur dann machen, wenn der Bildschirm, der für das Zeigen deiner Folien genutzt werden wird, auch so positioniert sein wird, dass du leicht darauf schauen kannst. Wenn du dir unsicher bist, würde ich dir eher zu Karteikarten raten, die du in der Hand halten kannst - ob auf einem kleinen Tablet oder in Papierform. Nutze eher ein kleines Format für deine Vortragsnotizen, DIN A4 ist auf jeden Fall zu groß. Das fällt den Zuhörern mehr auf, und es schränkt dich unnötig ein, zum Beispiel deine Handgestik.

Damit deine Karteikarten dir auch helfen, nummeriere gut sichtbar durch (am besten links oder rechts oben). So bringst du sie auch schnell wieder in die richtige Reihenfolge, wenn sie dir mal aus der Hand rutschen. Außerdem kannst du jeder Karteikarte eine Überschrift geben. Das hilft dir selbst dabei, dich zu orientieren. Verlierst du vor Nervosität einmal den Faden, kurz auf deine Karteikarte schauen und direkt erkennen, bei welchem Thema du gerade warst. Des Weiteren kannst du dir auf deinen Karteikarten auch (zum Beispiel mit einem Textmarker) vermerken, wann du zur nächsten Folie schalten musst, damit du das nicht vergisst. Falls du beim Üben merkst, dass du oft etwas Bestimmtes vergisst, kannst du diese Inhalte ebenfalls so hervorheben (mit einer anderen Farbe).

Die Notizen auf deinen Karteikarten sollten aus Stichpunkten bestehen, außer du möchtest ein wörtliches Zitat in voller Länge vortragen. Du kannst auch mit Symbolen arbeiten, um Platz zu sparen. Zum Beispiel:

- **Pfeile** für Zusammenhänge
- **Sternchen** für besonders wichtige Informationen, die du in deinem Vortrag hervorheben möchtest
- **Blitze** zwischen gegensätzlichen Meinungen/Theorien
- **Plus und Minus** für Vor- und Nachteile
- **Herzen,** um zu zeigen, dass jemand, der im Vortrag vorkommt, etwas mag oder gut findet

Je weniger Text du auf deinen Karteikarten benötigst, desto besser. Dadurch schaust du beim Vortragen seltener auf die Karten und dein Vortrag wirkt freier und flüssiger. Falls es dir schwerfällt, direkt nach dem Erstellen deiner Folien kurz gehaltene Karteikarten zu schreiben, kannst du dir auch erst einmal detailliertere Notizen zu jeder Folie in der Notizfunktion deiner digitalen Präsentation machen und mit deren Hilfe das Vortragen üben. Mit der Zeit merkst du dann automatisch, für welche Punkte du eine Erinnerung brauchst. Diese Dinge gehören auf deine Karteikarten. Bedenke aber dabei, dass du in der tatsächlichen Prüfungssituation eventuell aufgeregter bist als beim Üben, also gib dir ruhig ausreichend Gedächtnisstützen, damit du während deines Vortrags den Faden nicht verlierst. Das richtige Maß macht hier den Unterschied. Mit ein bisschen Routine hast du ganz schnell heraus, wie deine Karteikarten für dich am besten funktionieren.

PROBEVORTRAG

Sobald du deine Karteikarten erstellt hast, geht es ans Üben. Je öfter du deine Präsentation hältst, desto mehr wird es eine Routine für dich und somit leichter, auch in der Prüfung zu überzeugen. Du kannst deine Präsentation vor deinen Freunden, Familienmitgliedern oder auch nur deinen Kuscheltieren halten. Der Vorteil davon, die Präsentation vor anderen Personen zu halten, ist, dass du dadurch in einer Live-Situation übst und später durch die Blicke anderer nicht mehr so nervös wirst. Außerdem können die Zuhörer dir danach ein Feedback geben, ob deine Präsentation für sie verständlich war. Das ist sehr wertvoll, weil dir selbst häufig die Distanz fehlt, wenn du dich tief in das Thema eingearbeitet hast. Somit wirkt es für einen selbst vielleicht noch verständlich, aber ein Außenstehender bräuchte eventuell noch etwas mehr Erklärung, um deine Aussagen gut verstehen zu können.

VIDEOAUFNAHMEN VON PROBEVORTRÄGEN

Eine andere Möglichkeit ist es, dich während deiner Probevorträge zu filmen. Es ist schwer, sich selbst aus der Perspektive von anderen zu sehen. Durch eine Videoaufnahme kannst du jedoch Dinge sehen, die du sonst gar nicht mitbekommst: Ob du zum Beispiel während dem Vortragen aus Nervosität an deinem Ärmel herumzupfst. Oder ob du mehr auf deine Karteikarten als zu deinen Zuhörern schaust. All diese Kleinigkeiten, die ausmachen, wie selbstbewusst, flüssig und frei dein

Vortrag wirkt, erkennst du in einem Video wesentlich besser. Du kannst mithilfe von Videoaufnahmen auch ausprobieren, ob du zum Beispiel während deiner Präsentation ein kleines bisschen hin und her laufen oder lieber an einer Stelle stehen bleiben möchtest. Auf diese Weise schlüpfst du in die Rolle des Zuhörers. Insbesondere wenn du keine Personen hast, denen du im Voraus die Präsentation zeigen kannst, schnapp dir dein Handy und filme einen deiner Probevorträge.

DIE EIN-THEMA-CHALLENGE

Fällt dir flüssiges und freies Reden schwer, kannst du das über längere Zeit trainieren. So haben wir beispielsweise früher im Debattierklub folgende Challenge bekommen: Nimm ein beliebiges Thema, gib dir eine Minute Zeit und sprich dann so lange am Stück darüber, wie du kannst. Am Anfang konnte ich knapp 30 Sekunden am Stück sprechen. Am Ende konnte ich über acht Minuten über Handtaschen, Taschentücher und alle anderen Themen reden. Diese Aufgabe bringt dir bei, schon beim Sprechen darüber nachzudenken, was du als Nächstes sagen wirst, und dabei trotzdem konstant weiterzusprechen. Du lernst auch, Dinge weiter auszuführen und dabei nicht nur deine Stichpunkte zu wiederholen. Das kann dir bei deiner Präsentation helfen, da du so automatisch deine Stichpunkte für deine Zuhörer erklärst. Diese Challenge kannst du beispielsweise einmal in der Woche machen. Ihr könnt sie auch als lustiges Spiel gemeinsam mit Freunden nutzen. Schreibt dazu unterhaltsame Themen auf einen Zettel, jeder aus der Gruppe muss ein Thema ziehen und anschließend erklären.

Eine Mitgliedschaft im Debattierklub oder ähnliche Freizeitaktivitäten können dir dabei helfen, freies Sprechen zu üben.

Insbesondere das Debattieren kann dir bei wissenschaftlichen Arbeiten und Präsentationen zugutekommen, weil es dir zusätzlich beibringt, wie du verschiedene Argumente bildest. Für eine solche neue Freizeitaktivität musst du aber natürlich auch mehr Zeit einplanen.

WENN DEINE ZUHÖRER DICH NERVÖS MACHEN

Falls das Publikum dich nervös macht, dann versuche, es so gut wie möglich auszublenden. Um Augenkontakt zu vermeiden, kannst du dir beispielsweise einen Punkt an der Wand genau über den Köpfen der größten Zuhörer suchen. Dann wirkt es zwar so, als würdest du in ihre Richtung schauen, aber du wirst nicht durch Augenkontakt abgelenkt.

Falls unter deinen Zuhörern auch Personen sitzen, bei denen du dich wohlfühlst, wie zum Beispiel enge Freunde, kannst du auch eher sie anschauen, insbesondere dann, wenn sie in der Mitte sitzen. Das solltest du aber nur dann machen, wenn deine Freunde nicht zum Spaß versuchen, dich während der Präsentation zum Lachen zu bringen. Am besten sprichst du mit ihnen einfach vor deiner Präsentation über deine Nervosität und bittest sie, dir ein bisschen damit zu helfen, indem sie einfach zuhören und dich durch ihre Anwesenheit motivieren und unterstützen.

Wie du dich auf Rückfragen vorbereitest

Wenn du deinen Vortrag flüssig und frei gehalten hast, ist deine Präsentation noch nicht komplett vorbei. Es fehlt noch der letzte Schritt: das Beantworten der Fragen deiner Zuhörer. Oft stellt dein Lehrer oder Dozent ein paar Fragen, falls die anderen Zuhörer keine haben. Natürlich kannst du nicht voraussagen, welche Fragen dir gestellt werden. Es wird aber auch nicht von dir erwartet, dass du jede noch so kleine Detailfrage beantworten kannst. Deine Reaktion auf Rückfragen soll deinem Bewerter noch mal zeigen, dass du dich ausreichend mit dem Thema auseinandergesetzt und nicht nur eine Präsentation auswendig gelernt hast. Daher wird es dir auch nicht negativ ausgelegt, wenn du Fragen, die über dein Thema hinausgehen, nicht beantworten kannst. Es ist vollkommen in Ordnung, ein paar Sekunden über eine Frage nachzudenken. Hab auch keine Angst, zu fragen, was mit einer Frage gemeint war, wenn du sie nicht komplett verstanden hast.

Fragen, die sich im Rahmen deines Themas befinden, solltest du jedoch beantworten können. Um dich darauf vorzubereiten, kannst du die Personen, die deinen Probevortrag hören, bitten, dir am Ende Fragen zu stellen, oder du schaust dir selbst noch mal deine Präsentation kritisch an (entweder als Video, oder du gehst deine Notizen durch). Überlege dir dabei, an welcher Stelle im Kopf deiner Zuhörer eine Frage entstehen könnte. Erwähnst du beispielsweise kurz, dass eine Studie ein bestimmtes Ergebnis gezeigt hat, aber nicht, wie die Studie aufgebaut war? Vielleicht möchte das jemand wissen. Oder erwähnst du grob, dass man früher eine andere Methode verwendet hat als heute? Vielleicht möchte jemand wissen, wie diese alte Methode funktioniert hat. Falls dir bestimmte Unterthemen auffallen, die Rückfragen kreieren könnten, vermerke die Informationen dazu auf deinen Karteikarten zu dem Unterthema in Klammern. So weißt du, dass du die Informationen beispielsweise wegen nicht ausreichender Relevanz fürs Thema nicht in deinem Vortrag sagen wirst, aber du findest sie leicht, wenn jemand danach fragt. Alternativ kannst du dir auch eine Extra-Karteikarte mit Informationen für Rückfragen schreiben. Ich persönlich bevorzuge diese Option, weil ich dadurch meine Karteikarten für den Vortrag kurz halte und so nie zu lange mit den Augen auf den Karteikarten verweile.

Was auf dein Handout gehört (und was nicht)

Für eine erfolgreiche Präsentation fehlt dir jetzt nur noch ein gutes Handout. Manchmal gehört das verpflichtend dazu. Und manchmal macht es einfach Sinn, ein Papier an deine Zuhörer zu geben, selbst wenn es nicht obligatorisch ist. Es gibt zwei Arten von Handouts: die, die du im Voraus austeilst, und die, die deine Zuhörer im Nachgang bekommen. Diese Handouts erfüllen unterschiedliche Funktionen und sollten dementsprechend auch verschieden aufgebaut sein. Daher schauen wir uns nun diese beiden Varianten nacheinander an.

HANDOUT FÜR DIE ZEIT WÄHREND DER PRÄSENTATION

Wenn dein Handout deine Zuhörer während deiner Präsentation begleiten soll, sollte es auch entsprechend ausgelegt sein. Was bedeutet das? Während der Präsentation soll die Aufmerksamkeit deiner Zuhörer hauptsächlich auf deinem Vortrag liegen. Es ist empfehlenswert, dass dein Handout so erstellt ist, dass man immer nur kurz einen Blick darauf werfen muss. Dafür empfehlen sich Stichpunkte und keine ganzen Sätze. Frage dich vorher, wie das Handout deinen Zuhörern während der Präsentation hilft. Ersetzt es vielleicht deine Folien? Hast du dort eine Aufgabe abgedruckt, die deine Zuhörer während deiner Präsentationszeit bearbeiten sollen? Wenn du beispielsweise möchtest, dass deine Zuschauer in einer Vortragspause ein Gedicht lesen und sich Stichpunkte für die Analyse machen, könntest du das Gedicht für sie abdrucken. Dann können sie sich direkt auf dem Handout die wichtigen Punkte markieren. Falls du dich während deines Vortrags immer wieder auf ein bestimmtes Zitat beziehen wirst, kannst du dieses auch auf einem Handout drucken. Ich habe beispielsweise mal eine Präsentation über die Auslegung eines Artikels der Völkermordkonvention gehalten. Da für diese Präsentation keine Folien erlaubt waren, habe ich stattdessen den relevanten Artikel auf ein Handout für meine Zuhörer abgedruckt. Darunter habe ich die Leitfragen meiner Präsentation vermerkt - zum Beispiel, wie ein bestimmtes Wort ausgelegt wird. Dadurch konnten sich meine Zuhörer beim wiederholten Durchlesen des Artikels immer wieder an diesen Fragen orientieren. Sie konnten sich auch zu den Fragen Notizen auf dem Handout machen. Das war ein recht kleines Handout, der Text passte auf ein Drittel einer DIN-A4-Seite. Den Text habe ich einfach dreimal auf eine DIN-A4-Seite gedruckt und diese dann in drei Teile geschnitten. Du musst keine ganze DIN-A4-Seite füllen, wenn du mehr Platz nicht benötigst. Entweder du fügst noch Raum ein, damit deine Zuhörer sich Notizen machen können, oder du machst dein Handout einfach kleiner. Lieber ein kurzes Handout als ein unübersichtliches.

HANDOUT NACH DER PRÄSENTATION

Handouts nach einer Präsentation auszuteilen ist insbesondere dann empfehlenswert, wenn es um ein prüfungsrelevantes Thema geht. Manchmal vergeben Betreuer nämlich Unterthemen vom Lehrplan als Präsentationsthemen. Dann kannst du deinen Zuhörern helfen, indem du ihnen ein zusammenfassendes Handout gibst. Der Text kann dann auch ausformuliert sein. Das Ziel dieser Art von Handouts ist es, dein Thema noch mal für deine Zuhörer zusammenzufassen. Sie können es sich also immer wieder anschauen, wenn sie für die Prüfung lernen.

Der Vorteil eines solchen Handouts ist, dass es deine Zuhörer während deiner Präsentation nicht ablenken kann. Jedoch kann ein Handout während der Präsentation auch dazu beitragen, dass deine Zuhörer aufmerksamer zuhören. Wie? Du kannst damit interaktivere Aufgaben kreieren, wie zum Beispiel die Analyse eines abgedruckten Gedichts. Du kannst aber auch Fragen abdrucken, die sie ausfüllen sollen, um dann eine vollständige Mitschrift zu deinem Präsentationsthema zu haben. Du solltest dir daher gut überlegen, ob, und falls ja, wie du ein Handout zusätzlich zu deinem Vortrag machen möchtest.

WORUM ES IN DIESEM KAPITEL GING:

- Richte deine Recherche und deinen Vortrag nach deiner Zielgruppe aus.
- Nutze Folien nur als Unterstützung deines Vortrags und lasse nicht zu, dass sie deine Zuhörer ablenken.
- Schreibe dir Karteikarten als Erinnerungsstütze für das Präsentieren deines Vortrags.
- Übe das Präsentieren vorher ausgiebig, um flüssig und souverän deinen Vortrag halten zu können.
- Bereite dich auf Rückfragen aus dem Publikum vor.
- Überlege dir, ob du ein Handout brauchst, und erstelle dies wenn nötig.

7

Lernen ist nicht alles

In einem Buch über richtiges Lernen scheint ein solches Kapitel vielleicht auf den ersten Blick fehlplatziert. Du hast dir dieses Buch vermutlich gekauft, weil du besser lernen möchtest, und das allein zeigt ja schon, dass dieses Thema für dich wichtig ist. Und ich möchte auch nicht behaupten, dass Lernen nicht wichtig ist. Gutes Lernen hat mein Leben nachhaltig verändert. Ohne Lernen wäre ich nie an ein Stipendium für ein Internat, mehrere Stipendien für mein Studium in Cambridge oder ein Stipendium für mein Masterstudium gekommen. Trotzdem würde ich die Aussage, dass Lernen nicht alles ist, sofort unterschreiben.

Was das bedeutet? Es gibt Dinge, die einfach wichtiger sind. Zum Beispiel deine Gesundheit und deine Zufriedenheit. Deswegen ist es elementar, dass du dir einen Ausgleich zum Lernen suchst. Achte beim Ausarbeiten deiner Lernpläne unbedingt darauf, dass du auch ausreichend Zeit für Hobbys und Freizeit einkalkulierst. Zum guten Lernen gehört auch Zeit, in der du dein Gehirn einfach „auf Durchzug schalten" kannst und nicht lernen musst. Das hilft dir, fokussierter an den Schreibtisch zurückzukehren. Außerdem sorgt es dafür, dass du dich vom Lernstress ablenken kannst und dich erholst.

Du solltest auch deinen Prioritäten entsprechend handeln. Was ist für dich am wichtigsten? Möchtest du einen Notenschnitt von 1,0, um einen bestimmten Studienplatz an deiner Wunschuniversität zu bekommen? Oder möchtest du einfach nur eine Abschlussnote, die in Ordnung ist und mit der du deinen nicht zulassungsbeschränkten Wunschstudiengang antreten kannst? Es ist völlig okay, wenn Letzteres dein Wunsch ist. Manche möchten sich auch eher auf einen Sport konzentrieren, den sie später professionell ausüben könnten. Es ist nur wichtig, dass du deine Lernzeit deinen Prioritäten entsprechend planst und deine Erwartungen daran anpasst. Das bedeutet, dass du nicht über „nur" durchschnittliche Noten enttäuscht sein darfst, wenn du dich eher auf deinen Sport als das Lernen konzentrierst.

Es ist aber auch wichtig, sich Gedanken darüber zu machen, was eine solche Prioritätensetzung für dich bedeuten wird. Du solltest dich einmal hinsetzen und recherchieren, welche Studienmöglichkeiten und andere Ausbildungsmöglichkeiten es gibt, wenn du deinen Plan verfolgst. Insbesondere wenn man jünger ist, kann es noch schwer sein, die Konsequenzen abzusehen. Allerdings entscheiden zum Glück in den meisten Fällen erst die späteren Schuljahre über diese Möglichkeiten. Wenn du dir noch nicht sicher bist, ob du später etwas machen willst, wofür gute Noten eine Voraussetzung sind, dann lerne lieber ein bisschen mehr als zu wenig. Es ist besser, ein gutes Zeugnis zu haben, auch wenn du es nachher nicht brauchst, als ein schlechtes Zeugnis zu haben und dir dadurch Wege zu versperren.

Du solltest auch auf dich achten – insbesondere in stressigen Lernzeiten. Es ist normal, dass du in Klausurenphasen gestresst bist. Ich glaube, diese Zeiten sind für keinen von uns emotionale Highlights. Aber du solltest nicht so viel Angst vor Klausuren bekommen, dass du körperliche Symptome merkst, dich in den Schlaf heulst oder tage- oder wochenlang vor Nervosität nicht schlafen kannst. Wenn du dich in diesen Beschreibungen wiederfindest, empfehle ich dir, dir Hilfe zu suchen. Du kannst dich dazu mit einer Vertrauensperson besprechen, etwa einem guten Freund oder einem Vertrauenslehrer. Du kannst dir aber auch Beratung bei einem Schulsozialarbeiter als Schüler suchen. Als Student gibt es an Universitäten oft psychologische Beratungsangebote für eingeschriebene Studenten. Du kannst dich auch direkt an einen Therapeuten wenden.

Verschiedene Stiftungen bieten auch Beratungen zu Hilfemöglichkeiten an. So kannst du beispielsweise die Stiftung Deutsche Depressionshilfe und Suizidprävention telefonisch unter 0800/33 44 533 erreichen. Bei Stiftungen kannst du dich meistens auch als Angehöriger von Betroffenen erkundigen, wie du die Personen unterstützen kannst. Es ist nicht leicht, jemanden auf ein mögliches Problem anzusprechen und zu erkennen, wie man die Person unterstützen kann. Auch bei solchen Fragen können die Beratungsstellen helfen.

Wenn in deinem Leben etwas vorfällt, das dich vom Lernen abhält, wie beispielsweise ein gesundheitliches Problem, dann hole dir Hilfe. Als jemand, der wegen seiner Autoimmunkrankheit teilweise schon vor Schmerzen weinend in Vorlesungen saß, kann ich dir sagen: Es lohnt sich nicht, das »einfach durchzuziehen«. Deine Gesundheit ist das Wichtigste, und wenn du durch eine Krankheit oder Behinderung einen Nachteil gegenüber den anderen Prüflingen hast, dann verdienst du einen Ausgleich. In der Schule kannst du das mit einem Vertrauenslehrer, deinem Klassenlehrer oder einem Schulsozialarbeiter besprechen. An der Universität kannst du dich direkt an ein Zentrum für Studenten mit Krankheiten und Behinderungen wenden. Sie können dir dann dabei helfen, Nachteilsausgleiche zu bekommen, und auch in der Kommunikation mit deinen Dozenten helfen, damit du unterstützt wirst. Lernen sollte dein Leben nicht einschränken. Es ist wichtig, damit einen gesunden Umgang zu pflegen. Viel wichtiger als deine Noten wird immer deine Gesundheit sein. Pass darauf auf.

Letztendlich ist Lernen etwas, das viele Türen öffnet und hoffentlich auch Spaß macht. Wenn dich deine Lernthemen wirklich interessieren, ist das eine tolle Erfahrung. Aber auch dann ist es wichtig, dass du darauf achtest, ein Gleichgewicht zwischen Lernen und deinen Hobbys zu finden – und auch Zeit hast, um einfach mal nichts zu tun. Es kann zwar riesigen Spaß machen, sich in Themen einzuarbeiten, über die man schon immer mal mehr wissen wollte, jedoch braucht dein Gehirn auch immer wieder Pausen. Dadurch kannst du dich später wieder besser konzentrieren. Außerdem vernachlässigst du so auch nicht deine anderen Leidenschaften wie deine Hobbys.

Ich hoffe, dass dieses Buch dir Methoden an die Hand gegeben hat, um deine Lernweise so zu strukturieren, dass du auch in Klausurenphasen die Ruhe bewahren kannst und deine Hobbys nicht zu kurz kommen. Dafür sind insbesondere deine Organisation und Arbeit vor der Klausurenphase entscheidend. Mit den richtigen Lernmethoden kannst du auch komplexe Inhalte lernen. Für jeden der gängigsten Prüfungstypen hast du eine Herangehensweise bekommen, damit du immer weißt, wie du strukturiert diese verschiedenen Tests vorbereiten kannst. Wenn Lernen kein Stressthema ist, kann es auch wirklich Spaß machen. Außerdem kann es dir Türen öffnen und dein Leben verändern. Ich weiß, dass das vermutlich etwas dick aufgetragen klingt. Aber ich hätte niemals ohne Stipendien ein Internat in Hongkong besuchen, in Cambridge studieren oder danach noch einen Master machen können. Diese Dinge beeinflussen, welche Wege ich jetzt gehen kann, und viele dieser Möglichkeiten haben sich nur mithilfe von guten Noten ergeben. Ich hoffe, dass du mit deinem Lernen auch deine Ziele verwirklichst. Und ich hoffe, dass du mithilfe dieses Buchs das Thema Lernen mit mehr Ruhe angehen kannst und es vielleicht sogar anfangen wird, dir Spaß zu machen. Vielen Dank, dass du diesem Buch eine Chance gegeben hast. Ich wünsche dir alles Gute!

NOTIZEN

NOTIZEN

Übersicht der digitalen Tools

An verschiedenen Stellen in diesem Buch habe ich dir einige digitale Tools vorgestellt. Hier findest du noch mal einen schnellen Überblick aller erwähnten Tools. Dies ist jedoch nur eine Auswahl – es gibt noch viele weitere Plattformen, die du zum Lernen ausprobieren kannst.

Tools zur Organisation

TOOL	NUTZEN
Todoist, Microsoft To Do	Apps für To-do-Listen, in denen du festlegen kannst, dass dir zu einer gewissen Zeit eine Erinnerung geschickt wird, damit du die Aufgabe nicht vergisst. Es lassen sich auch Unteraufgaben für größere Aufgaben anlegen.
Things 3	In dieser App kannst du problemlos lange To-do-Listen führen und diese auch in verschiedene Bereiche einteilen. Die App schickt dir jedoch keine Erinnerungen. Aber du kannst dir deine Kalendereinträge des Tages in der App anzeigen lassen, damit du beim Sichten deiner Aufgaben besser einschätzen kannst, wie viel Zeit du heute wirklich zur Verfügung hast.

TOOL	NUTZEN
Kalender-Apps: vorinstalliert oder weitere Lösungen wie z. B. Google Calendar/Outlook Calendar	All diese Optionen sind Alternativen für einen Papierkalender. Bei der Wahl deiner Kalender-App solltest du darauf achten, dass das Layout zu dir passt; aber auch, dass die App für all deine Geräte verfügbar ist. Ansonsten verfällt der Vorteil des digitalen Kalenders, dass man ihn immer dabei hat.

Tools zum Erstellen von Lernmaterial

TOOL	NUTZEN
GoodNotes, Notability	Apps zum Erstellen von Notizen, in denen du handschriftliche digitale Zusammenfassungen und mehr erstellen kannst. Du kannst auch Bilder und andere Grafiken in deine Notizen einfügen.
Anki, Quizlet	Hier kannst du dir digitale Karteikarten erstellen, um dich selbst zu testen. Karteikarten-Sets können auch unter Lernenden geteilt werden, wodurch du manchmal schon fertige Karteikarten zu deinem Thema finden kannst. Diese Tools können dir auch helfen, deine Karteikarten mit einem dem Leitner-System ähnlichen Algorithmus zu wiederholen.
Studydrive	Auf dieser Plattform kannst du Mitschriften und Lernmaterialien von anderen Schülern und Studenten einsehen. Falls du bei einem Thema nicht weiterkommst oder dir unsicher bist, wie du deine Lernmaterialien dazu aufbauen sollst, kannst du dich hier inspirieren lassen.

TOOL	NUTZEN
Kyoku	Mit dieser App kannst du ebenfalls digitale Karteikarten erstellen, allerdings handschriftlich. Die App hilft dir auch, diese mit einem auf dem Leitner-System basierenden Algorithmus zu wiederholen.

Tools zum Recherchieren

TOOL	NUTZEN
Google, Bing, Ecosia	Gut zum Einfinden in das Thema, aber weniger nützlich für wissenschaftliche Quellen.
GoogleScholar	Quasi die mehr wissenschaftliche Version von Google; insbesondere dann nützlich, wenn du schon einige Fachbegriffe hast, nach denen du suchen willst; jedoch hat man nicht immer einen Zugang zu allen dort verlinkten Quellen, da viele hinter einer Paywall sind.
Bibliotheks-kataloge deiner Schul-, Universitäts-, Stadtbibliothek und mehr	Hier kannst du online verfügbare Quellen finden. Mit einem Ausweis der Bibliothek hast du auch Zugriff auf diese Quellen. Außerdem kannst du hier vor deinem Besuch recherchieren, welche Quellen du dir anschauen möchtest.
JSTOR	Die gemeinnützige Onlineplattform ist zwar nicht für jedes Fach nützlich, aber du hast eine relativ breite Auswahl an Fachmagazinen, wissenschaftlichen Werken und Quellensammlungen. Für viele ist es die erste Recherche-Plattform, die sie kennenlernen, da bereits viele Schulen und nicht nur Universitäten hierfür einen Zugang bereitstellen.

TOOL	NUTZEN
Connected Papers	Hier kannst du ein Paper eingeben und dir dann weitere Paper anzeigen lassen, die mit dem Thema verbunden sind.
Consensus, Scispace	Dieser KI kannst du verschiedene Fragen (inklusive deiner Forschungsfrage) stellen. Die KI schlägt dir dazu wissenschaftliche Paper mit einer kurzen Zusammenfassung vor. Auch hier besteht das Problem, dass du vielleicht keinen Zugang zu den Papern hast. Und du solltest bedenken, dass KIs noch nicht so ausgereift sind, dass du dich komplett auf ihre Recherche verlassen kannst.

Tools zum Schreiben

TOOL	NUTZEN
DeepL, Scribbr, LanguageTool, DudenMentor	Diese Tools können deinen geschriebenen Text auf grammatikalische Fehler und schlechte Formulierungen checken. Manche der Plattformen haben eine gewisse Zeichenbegrenzung.
Grammarly	Grammarly kann dasselbe für englische Texte tun. Die Plattform ist (noch) nicht für deutsche Texte verfügbar.

TOOL	NUTZEN
ChatGPT	Auch die KI, mit der du dich unterhalten kannst, kann dir beim Schreiben helfen. So kannst du sie beispielsweise nach alternativen Formulierungen für einen Begriff fragen. Aber Vorsicht: Du musst deinen Text am Ende immer noch selbst geschrieben haben. ChatGPT sollte nicht zum Autor deiner Arbeit werden. Je nach Schule/Universität kann es sein, dass du eine KI wie ChatGPT gar nicht oder nur in einem begrenzten Rahmen nutzen darfst. Das solltest du vorher prüfen.
TurnItIn	Diese Software kann dir potenzielle Plagiate in deiner Arbeit anzeigen. Viele Universitäten (und auch einige Schulen) verwenden diese Software zur Plagiatsprüfung. Einige geben ihren Schülern auch einen Zugang, um ihre Arbeiten selbst vor der Abgabe zu prüfen. Aber keine Panik bei einer hohen Anzahl von möglichen Plagiaten: Die Software ist jedoch nicht perfekt und man sollte sich jedes mögliche Plagiat einzeln anschauen. Manchmal werden schon Dinge wie der eigene Name als mögliches Plagiat angesehen und das ist es natürlich nicht. Auch deine Lehrer und Dozenten schauen sich die möglichen Plagiate bei Bedarf einzeln an und vertrauen nicht blind auf die Software.

Tools gegen Prokrastination

TOOL	NUTZEN
Forest	In dieser App kannst du dir einen Timer für die Zeitspanne, in der du konzertriert arbeiten willst, stellen. Während dieser Zeit wächst in der App ein virtueller Baum heran - dieser stirbt jedoch, wenn du die App vor dem Ablaufen des Timers verlässt. Du kannst auch gemeinsam mit Freunden einen Timer in der App erstellen, um zusammen zu lernen.
StayFocused	Diese Erweiterung für Google Chrome erlaubt es dir, für bestimmte Webseiten ein Tageslimit festzulegen, damit du nicht mehr Zeit auf ihnen verbringst, als du dir vorgenommen hast. So kannst du beispielsweise verhindern, dass du stundenlang durch Social Media scrollst, anstatt zu lernen.

Endnotenverzeichnis

1 TYPISCHE LERNFEHLER

1 »Studien haben gezeigt, dass […]«: Bettina Roth und andere, »Intelligence and School Grades: A Meta-Analysis« (2015) 53 Intelligence 118–137.

2 »Für einige Wissenschaftler sind […]«: Angela Duckworth, *Grit: The Power of Passion and Perseverance* (Scribner, 2021) Kapitel 1.

2 BEVOR DAS LERNEN ANFÄNGT

1 »Um die acht Stunden […]«: Die empfohlene Schlafzeit verändert sich mit dem Alter: »How much Sleep Do I Need?« *(Centers for Disease Control and Prevention,* 14.9.2022) <https://www.cdc.gov/sleep/about_sleep/how_much_sleep.html> abgerufen am 12.11.2023.

2 »[…] kannst du dich an einigen gängigen Notizmethoden […]«: »Common Note-Taking Methods« *(The University of Tennessee Chattanooga)* <https://www.utc.edu/enrollment-management-and-student-affairs/center-for-academic-support-and-advisement/tips-for-academic-success/note-taking> abgerufen am 12.11.2023.

3 »Du teilst dein Papier […]«: Jan Höpker, »Die Cornell-Methode: Klug mitgeschrieben ist halb gelernt« *(HabitGym,* 4.12.2021) <https://www.habitgym.de/cornell-methode/> abgerufen am 12.11.2023.

4 »Handgeschriebene Mitschriften haben noch [...]«: Pam A Mueller und Daniel M Oppenheimer, »The pen is mightier than the keyboard: advantages of longhand over laptop note taking« (2014) 25(6) Psychol. Sci 25 1159–1168.

3 LERNMETHODEN

1 »Wie bereits im vorigen Kapitel [...]«: Pam A Mueller und Daniel M Oppenheimer, »The pen is mightier than the keyboard: advantages of longhand over laptop note taking« (2014) 25(6) Psychol. Sci 25 1159–1168.

2 »Allerdings gilt das nur [...]«: Aya S Ihara und andere, »Advantage of Handwriting Over Typing on Learning Words: Evidence From an N400 Event-Related Potential Index« (2021) 15 Front Hum Neurosci Artikel-Nr 679191.

3 »Das reine Durchlesen von [...]«: Siehe zum Beispiel: Joseph Stromberg, »Re-reading is inefficient. Here are 8 tips for studying smarter« (Vox, 16.1.2015) <https://www.vox.com/2014/6/24/5824192/study-smarter-learn-better-8-tips-from-memory-researchers> abgerufen am 12.11.2023.

4 »Mein Vater erklärt mir [...]«: Tilman Spohn, »Wie lautet der Merkspruch für die Reihenfolge der Planeten?« *(SWR Wissen)* <https://www.swr.de/wissen/1000-antworten/merkspruch-fuer-die-reihenfolge-der-planeten-104.html#:~:text=Früher%20hieß%20er%20%22Mein%20Vater,-%20Saturn%20-%20Uranus%20-%20Neptun> abgerufen am 12.11.2023.

5 »Eine andere Art von [...]«: »Die Schlüsselwort-Methode: Vokabeln lernen leicht gemacht« *(Sofatutor-Magazin Schüler*innen)* <https://magazin.sofatutor.com/schueler/kreatives-lernen-vokabellernen-mit-schlusselwort-methode/> abgerufen am 12.11.2023.

6 »Diese Taktik zeigte bei [...]«: Juliane Mischer, »Es liegt mir auf der Zunge – wie Erdbeerkaugummi beim Lernen helfen kann« *(Hochschule Fresenius,* 10.9.2019) <https://www.hs-fresenius.de/blog/wissen/es-liegt-mir-auf-der-zunge-wie-erdbeerkaugummi-beim-lernen-helfen-kann/> abgerufen am 12.11.2023.

7 »Der *Testing Effect* zeigt [...]«: »Testing Effect« (Science Direct) <https://www.sciencedirect.com/topics/psychology/testing-effect> abgerufen am 12.11.2023.

8 »Der *Testing Effect* konnte auch bereits [...]«: Jeffrey D Karpicke und Janell R Blunt, »Retrieval Practice Produces More Learning than Elaborative Studying with Concept Mapping« (2011) 331 Science 772–775.

9 »Das Leitner-System sieht vor [...]«: Sander Tamm, »The Leitner System: What It Is, How It Works« *(e-student.org,* 22.1.2023) <https://e-student.org/leitner-system/> abgerufen am 12.11.2023.

10 »Die Pomodoro-Technik sieht vor [...]«: Laura Scroggs, »Die Pomodoro-Technik« *(Todoist)* <https://todoist.com/de/productivity-methods/pomodoro-technique> abgerufen am 12.11.2023.

11 »Falls dir die Buchstaben [...]«: »Gemeinsamer Europäischer Referenzrahmen für Sprachen« *(Gemeinsamer Europäischer Referenzrahmen für Sprachen (GER))* <https://www.europaeischer-referenzrahmen.de> abgerufen am 12.11.2023.

4 KLAUSURVORBEREITUNG

1 »Der *Mozart-Effekt* ist mehr [...]«: Petra Jansen-Osmann, »Der Mozart-Effekt – Eine wissenschaftliche Legende?« (2006) 17(1) Musik-, Tanz- und Kunsttherapie 1, 5.

2 »Das, was du nennst [...]«: Sara Smith, »5-4-3-2-1 Coping Technique for Anxiety« *(University of Rochester Medical Center,* 10.4.2018) <https://www.urmc.rochester.edu/behavioral-health-partners/bhp-blog/april-2018/5-4-3-2-1-coping-technique-for-anxiety.aspx> abgerufen am 12.11.2023.

3 »Koffeinhaltige Getränke wie Energydrinks [...]«: Karen Hoffmann, »Think twice before downing that energy drink during exam« *(University of Witwatersrand Johannesburg,* 13.6.2018) <https://www.wits.ac.za/news/sources/health-news/2018/think-twice-before-downing-that-energy-drink-during-exams.html> abgerufen am 12.11.2023.

4 »Wenn du jedoch zu einem [...]«: Ibid.

5 »Wenn man dauerhaft zu […]«: Ibid.; Lucy Soto, »Energy drinks, cramming for final exams could be unhealthy mix« *(American Heart Association,* 30.11.2018) <https://www.heart.org/en/news/2018/11/30/energy-drinks-cramming-for-final-exams-could-be-unhealthy-mix> abgerufen am 12.11.2023.

6 »Schmecken oft süßlich und […]«: Nafisa Singh, »8 Super Study Snacks« *(The London School of Economics and Political Science)* <https://info.lse.ac.uk/current-students/Assets/Articles/8-super-study-snacks> abgerufen am 12.11.2023.

7 »Geben dir Proteine und […]«: »Foods linked to better brainpower« *(Harvard Health,* 6.3.2021) <https://www.health.harvard.edu/healthbeat/foods-linked-to-better-brainpower> abgerufen am 12.11.2023.

5 SEMINARARBEITEN, BACHELORARBEITEN UND CO.

1 »In Baden-Württemberg gibt es […]«: »GFS – Gleichwertige Feststellung von Schülerleistungen« *(Landesbildungsserver Baden-Württemberg)* <https://www.schule-bw.de/faecher-und-schularten/sprachen-und-literatur/englisch/unterrichtsmaterialien-nach-kompetenzen/sprechen/gfs> abgerufen am 12.11.2023.

2 »›Wer eine wissenschaftliche Arbeit […]«: »Wissenschaftliche Arbeit« *(Wikipedia)* <https://de.wikipedia.org/wiki/Wissenschaftliche_Arbeit> abgerufen am 12.11.2023. Cheers, falls du diese Fußnote angeschaut und gemerkt hast, dass ich im Kapitel zu wissenschaftlichem Arbeiten Wikipedia zitiert habe.

3 »Ein ECTS-Punkt […]«: »Leistungspunkte (ECTS-Punkte)« *(Ministerium für Wissenschaft, Forschung und Kunst Baden-Württemberg: Die Studieninformation für Baden Württemberg)* <https://www.studieren-in-bw.de/waehrend-des-studiums/bachelormaster/leistungspunkte-ects-punkte/> abgerufen am 12.11.2023.

4 »›Mit der […] zu erstellenden […]«: »Studien- und Prüfungsordnung der Universität Tübingen für den juristischen Studiengang mit akademischer Abschlussprüfung Master of Laws (LL.M)«, § 16 II, abrufbar unter dem Reiter »LL.M.-Studiengang«: <https://uni-tuebingen.de/fakultaeten/juristische-fakultaet/studium/studienfachberatung/studien-und-pruefungsordnungen-und-weitere-ausbildungsvorschriften/#c984681> abgerufen am 12.11.2023.

5 »Beim *Clustern* erstellst du […]«: Veronika, »Wie funktioniert Clustering?« *(Treffpunkt Schreiben)* <https://treffpunktschreiben.at/wie-funktioniert-clustering/> abgerufen am 12.11.2023.

6 »Hier sind einige Beispiele […]«: »Boolescher Operator« *(Universitätsbibliothek Humboldt-Universität Berlin)* <https://www.ub.hu-berlin.de/de/bibliotheksglossar/boolescher-operator> abgerufen am 12.11.2023.

7 »Eine gute Möglichkeit dafür […]«: »How to Create Harvey Balls in PowerPoint« *(zebra bi,* 23.06.2023) <https://zebrabi.com/guide/how-to-create-harvey-balls-in-powerpoint/#:~:text=Harvey%20Balls%20are%20circular%20graphics,simple%20and%20visually%20appealing%20way.> abgerufen am 26.2.2024.

Richtig lernen. Dein Guide für Schule und Studium.

MIX
Papier | Fördert gute Waldnutzung
FSC® C014496

5. Auflage

Weyerstraße 88–90
50676 Köln, Deutschland

Die im Buch verwendeten Personenbezeichnungen beziehen sich gleichermaßen auf weibliche, männliche und diverse Personen. Auf eine Doppelnennung und gegenderte Bezeichnungen wird zugunsten einer besseren Lesbarkeit verzichtet.

Bei Fragen zur Produktsicherheit wenden Sie sich bitte an:
produktsicherheit@community-editions.de

Text: © Elena Handtrack
Fotos: Autorensticker © Elena Handtrack
Illustrationen: © Joachim Buhmann (Hand S. 143), © BUCH & DESIGN Vanessa Weuffel (Blatt Umschlag Buchrückseite); stock.adobe.com: © Jürgen Fälchle (Hintergrund Buchumschlag), © Hayati Kayhan (Bleistift Cover), © Michele (Tape Umschlag Buchrückseite); creative.market.com: © Custom Scene (Klammern Umschlag Buchrückseite)
Layout & Design: BUCH & DESIGN Vanessa Weuffel
Satz: Joachim Buhmann
Projektleitung & Redaktion: Johanna Bachmann
Lektorat: Thorsten Schulte
Gesetzt aus der Baskerville Old von URW Type Foundry, Bebas Neue von Ryoichi Tsunekawa, Bliss Pro von Jeremy Tankard Typography, Joselyna von Balpirick Studio und Skema Pro News von Mint Type.

Gesamtherstellung: CE Community Editions GmbH

ISBN 978-3-96096-398-1

Druck: GGP Media GmbH, Karl-Marx-Str. 24, 07381 Pößneck
Printed in Germany

www.community-editions.de